AF427063

Diseño y sistema

Bajo la punta del iceberg

Cecilia Mazzeo

Diseño y sistema

Bajo la punta del iceberg

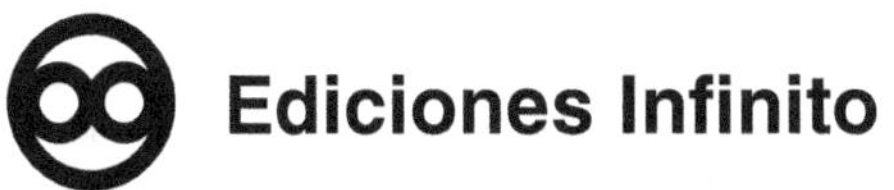

Mazzeo, Cecilia

Diseño y sistema : Bajo la punta del iceberg / Cecilia Mazzeo. - 1a
ed ilustrada. - Ciudad Autónoma de Buenos Aires : Infinito, 2017.
160 p. ; 21 × 13 cm.

ISBN 978-987-3970-07-8

1. Diseño Gráfico. I. Título.
CDD 745.4

Colección Saber y comunicar

Idea y supervisión general: Cristina Lafiandra
Diseño gráfico: Karina Di Pace

© de todas las ediciones en español
Ediciones Infinito
e-mail: info@edicionesinfinito.com
http://www.edicionesinfinito.com
Buenos Aires, Argentina.

ISBN 978-987-3970-07-8
Hecho el depósito que marca la ley 11.723

Índice

Uno

Bajo la punta del iceberg

La punta de un iceberg constituye sólo la octava parte de su volumen total lo cual significa que hay mucho más escondido bajo las aguas de aquello que a simple vista podemos percibir. Esa masa de hielo que se oculta a la vista constituye la base del iceberg que le permite mantenerse a flote y desplazarse. La solidez y persistencia de esa masa radica en lo que no vemos. Del mismo modo, un diseño es más que lo que vemos a simple vista. Su apariencia vela su esencia. Bajo cada diseño subyace el saber del diseñador, la construcción del problema de comunicación, la elección de estrategias y la de los recursos gráficos pertinentes.

El hacer del diseñador tiene también su lugar en las profundidades del diseño, esa capacidad proyectual que le permite traducir a imágenes las ideas expresadas en palabras.

Más abajo, subyacen la problematización de la realidad y el conocimiento de los contextos socioculturales donde deberá intervenir. Más aún, la historia de la disciplina que tiene su origen en el siglo XIX con la complejización del habitar en los centros urbanos como consecuencia, entre otros factores, de la industrialización.

Así como los icebergs son desprendimientos de los glaciares, siendo grandes masas de hielo que se formaron durante miles de años por la acumulación y cristalización de capas sucesivas de nieve, cada diseño es parte de un todo mayor, la cultura a la que pertenece y tiene en sí, parte de ese todo.

Las condiciones del contexto por ejemplo lluvias, temperatura, vientos, etcétera, van dando forma a la parte visible del iceberg mientras su base permanece oculta. Cuanto mayor es la masa de lo sumergido, más permanece el iceberg desplazándose en el mar, cuanto más pequeña, más rápido se diluye. Del mismo modo, un diseño con bases sólidas permanecerá visible y lo será durante más tiempo que aquel cuyos fundamentos apenas lo mantienen a flote.

Con el tiempo, lo que subyace en las profundidades también será erosionado, lentamente se reducirá su masa hasta diluirse en el mar. Ese mar, hecho de agua, sigue su ciclo natural tornándose nieve que nutrirá los glaciares de los que se desprenderán nuevos icebergs.

De igual modo cada diseño sufrirá los efectos erosionantes del contexto y se diluirá para pasar a formar parte de otro todo mayor, diferente al que le dio origen. De él, surgirán los nuevos diseños alimentados con los anteriores en un ciclo de retroalimentación constante.

El glaciar es entonces, el campo del diseño, constituido y constituyente, un saber que es producto de años de práctica acumulado y de aportes de otros conocimientos que permiten la generación de icebergs que con el tiempo, al incorporarse al glaciar, se constituirán en fuentes cognitivas para futuros icebergs.

Retomemos por un momento la idea del diseño como iceberg del que sólo vemos una parte. Esa parte visible, se mantiene en el tiempo por la existencia de otra mucho mayor, invisible, su razón de ser, su fundamento, el porqué de esa masa que podemos ver. Las propuestas de diseño sin diseñadores suelen operar sin la existencia de ese componente invisible constituyendo en lugar de icebergs, placas de hielo superficiales que se derriten y quiebran con facilidad, que rápidamente se diluyen en el mar aportando poco y nada a la generación de nuevos icebergs.

Frente al interrogante sobre el futuro, aún asumiendo un contexto de constante cambio, surge con mayor fuerza la necesidad de consolidar eso invisible que sostiene lo visible del iceberg, las bases teóricas de la práctica. El diseño como saber generado y generador.

Es verdad que la dinámica relación entre diseño y sociedad obliga a una revisión de los modos de hacer para que la práctica pueda redefinirse y con ello mantenerse vigente. Pero este nuevo modo de definir la disciplina no debe suponer necesariamente abandonar sus fundamentos teóricos, sino repensarlos a la luz de los nuevos condicionantes y fortalecer los conceptos centrales que la constituyen. Cambios en el hacer que, seguramente, aportan al saber y que lejos de invalidarlo lo alimentan.

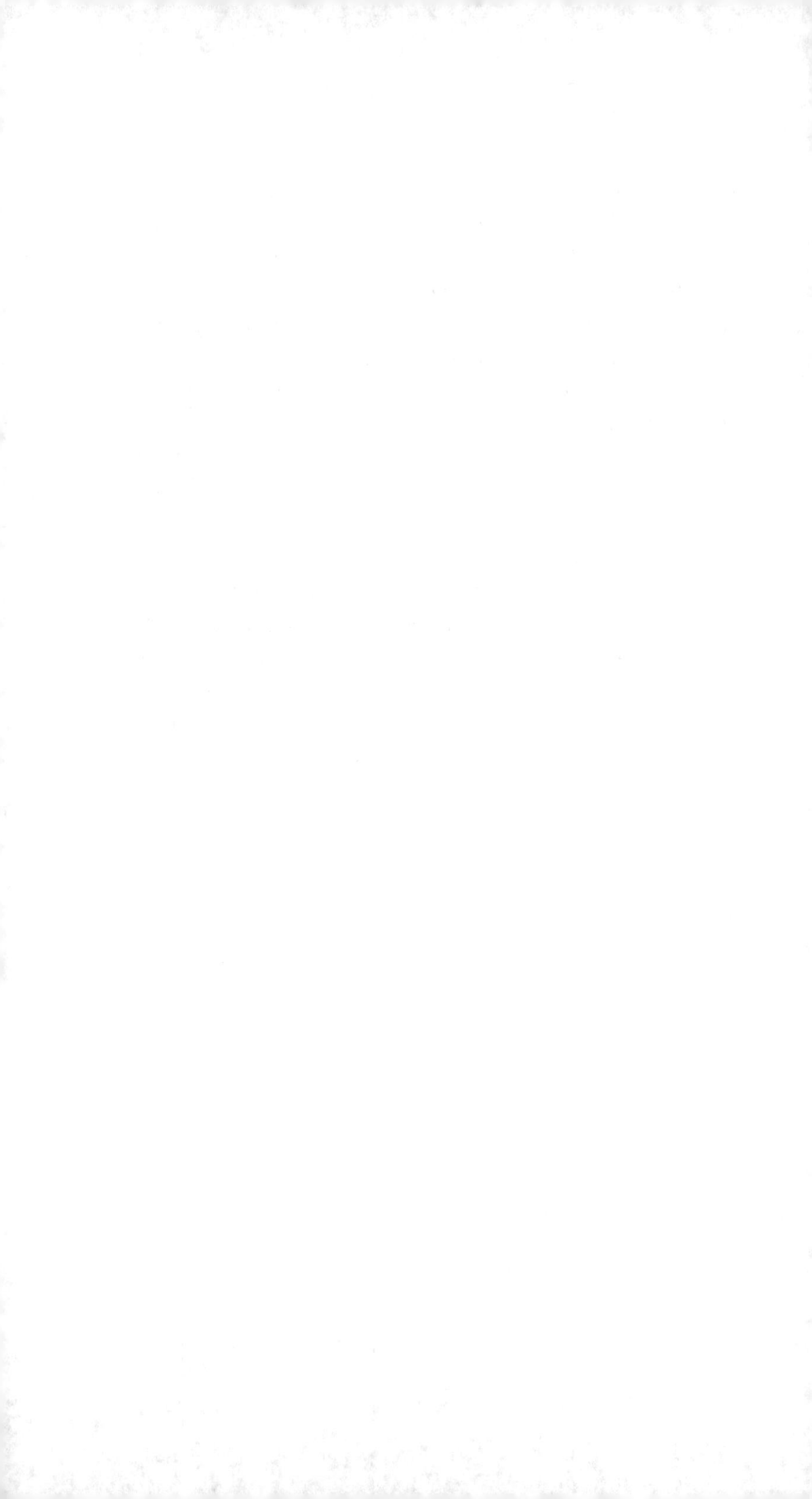

Dos

Un ser bicefálico

El diseño es un campo complejo que tiene en la proyectualidad y la comunicación los ejes constitutivos de su hacer. Valiéndose de otra metáfora, podría pensárselo como una suerte de ser bicefálico cuyas cabezas conviven aportando cada una su particular complejidad en la construcción de un saber que las vincula y a la vez se nutre de ambas.

Esta naturaleza dual implica que el diseño en tanto saber es una construcción que articula saberes de dos campos muy diferentes entre sí lo cual incluye, también, sus respectivos conceptos.

Diseño, proyecto, metodología, sistema, identidad, imagen, comunicación, discurso, contexto, son palabras que se entrecruzan en los discursos sobre la práctica del diseño gráfico, cuyo significado se diluye en la historia de las diferentes disciplinas. Palabras que hoy pueblan los relatos disciplinares y parecen definir, inacabadamente, un hacer complejo en constante cambio.

Desde sus primeros pasos hacia la consolidación del campo, las enunciaciones sobre el diseño gráfico se han nutrido de conceptos provenientes de otros campos de conocimiento haciendo propias definiciones ajenas, sin reflexionar sobre la resignificación que la recontextualización conlleva.

En muchos de estos discursos este saber hacer se nombra a sí mismo como *Diseño* y se define como *disciplina proyectual*[1] en búsqueda de la delimitación y caracterización de su campo, pero pocas veces reflexiona sobre los alcances y profundidad de ambos términos.

Puede parecer, en una primera instancia, que la puesta en crisis o redefinición de la condición de proyectual del diseño es ya obsoleta, sin embargo, a medida que el diseñar se extiende a otros ámbitos y actores la necesidad de una mirada autoreflexiva hacia la disciplina se torna necesaria.

En su texto *Diseñar, cuando todos diseñan*, Ezio Manzini analiza los cambios producidos en la práctica y concepción del diseño en el escenario actual. Las profundas transformaciones en el contexto han implicado cambios en el modo de pensarse y proyectar la propia vida. Entendiendo al diseño como un conjunto de modos de pensar y hacer que implican procesos reflexivos y estratégicos, ya no diseñan sólo los individuos sino que lo hacen también organizaciones públicas y privadas, ciudades, regiones y estados. En este marco, el autor propone repensar el rol de los diseñadores profesionales cuyo saber experto puede nutrir y acompañar los procesos de diseño llevados adelante por aquellos que no tienen formación específica. Manzini denomina a estos dos diseños como *diseño experto* y *diseño difuso* respectivamente y propone la necesaria interacción entre ambos como estrategia en los procesos de innovación social. Ante este panorama, la condición de proyectual aparece como uno de esos saberes que el diseñador experto puede poner al servicio del, ya indiscutiblemente presente, diseño difuso.

---

[1] Esta definición del diseño caracteriza particularmente al modo de concebir la disciplina en ciertos ámbitos académicos, sobretodo en aquellos en los que la enseñanza del Diseño Gráfico convive con la enseñanza de la Arquitectura.

Soslayando esta nueva manera de pensar al Diseño y su rol en la sociedad, aún se sostienen en algunos ámbitos académicos y profesionales, miradas que alejan al Diseño del campo de las disciplinas proyectuales. Este alejamiento diluye la concepción proyectual de la disciplina, abandonando la teoría proyectual como marco de referencia para la práctica con la consecuente dilusión metodológica, centrando en cambio la mirada en la dimensión comunicacional del diseño y dejando de lado las reflexiones teóricas sobre la práctica proyectual.

Ser proyecto

Definirse como disciplina proyectual implica reconocerse integrante de un conjunto de disciplinas que tienen en común el objetivo de dar respuesta, en términos de forma, a necesidades primarias y secundarias. Este modo de autodefinirse tiene su origen en el marco de la enseñanza con la inclusión del Diseño Gráfico —a mediados del siglo pasado— en instituciones académicas dedicadas a la formación de arquitectos, inclusión que convive con aquella que vincula al Diseño Gráfico con la enseñanza de las artes. Estos dos campos de inclusión significan fuertes diferencias en la concepción de la disciplina que tienen su correlato en la definición del perfil profesional, planes de estudio y modalidades de enseñanza.

Esta misma diferenciación surge en discursos sobre la disciplina que ponen en duda la categoría de arte del diseño gráfico argumentando que su capacidad de dar respuesta, de ser «útil» lo excluye del campo del arte. El Diseño, en todas sus ramas, se instala en la vida cotidiana y probablemente allí radique la renuencia a considerárselo un arte. Pareciera que aquello que no es excepcional, aquello que nos rodea cada día no puede ser considerado arte.

El Diseño, en todas sus ramas, se instala en la vida cotidiana y probablemente allí radique la renuencia a considerárselo un arte.

El concepto de Bellas Artes que aún hoy domina el modo de categorizar las producciones de la cultura es de fines del siglo XVIII, y aunque el conjunto de prácticas que éste incluye ha ido incorporando nuevos modos, la adscripción del diseño sigue siendo discutida, en muchos casos desde el Diseño mismo. Paradójicamente, desde otros campos como el de la filosofía surgen propuestas que incluyen al Diseño en el campo del arte otorgándole un rol hasta ahora no considerado. Boris Groys (2014) en su texto *Las transformaciones del arte en el ágora contemporánea* recuerda el origen del Diseño moderno como un cambio en la tradición de las artes aplicadas así como el arte modernista cambió las tradiciones del arte tradicional, oposición que marcó un cambio de paradigma en el campo del arte.

La inscripción en el campo de las disciplinas proyectuales supone pensar al Diseño Gráfico como una práctica reflexiva que involucra procesos metodológicos, analíticos, decisionales y propositivos; instancias que tienen características particulares siendo su mayor diferencia la naturaleza en la cual se despliegan.

En todas las disciplinas proyectuales, las instancias de investigación, análisis y fundamentación conceptual se expresan en términos textuales mientras que las propuestas de resolución lo hacen en términos formales.

El problema al que se debe dar respuesta por medio de un objeto, se explicita a través de palabras, dichas o escritas, mientras que los objetos de diseño se expresan por medio de formas. Imágenes estáticas o en movimiento, planos, volúmenes, llenos y vacíos, son partes constituyentes de los modos de decir del diseño, en cualquiera de sus especialidades.

En esta traducción radica la mayor complejidad del desarrollo de un proyecto de diseño y es la que permite hacer visibles las consecuencias de todas las instancias anteriores. La información relevada, la posición que se ha tomado frente al tema, es decir, la fundamentación conceptual adoptada para trabajar, se hacen visibles a través de un repertorio formal que se implementa para desplegar su potencialidad con efectividad comunicacional.

El desarrollo de un proyecto de Diseño implica entonces poder plantear una argumentación en términos visuales. Poder desplegar un discurso que no será leído exclusivamente en términos textuales, sino también en términos visuales a través de imágenes que aportarán sus particularidades a la construcción de esta argumentación. Así, las imágenes y sus lenguajes gráficos, colores y textos junto con los modos de organización entre ellos y el campo, serán interpelados desde saberes compartidos en los entornos de intervención en los que actúan, convirtiendo así estas formas en argumentaciones. Esta interpelación se hará en cada contexto desde miradas muy diferentes, por lo que conocerlas y dimensionar sus capacidades se vuelve central al momento de diseñar.

La diversidad y complejidad del campo de acción del Diseño Gráfico demanda por la resolución de una multiplicidad de problemas de comunicación visual de naturaleza y escala variada. El origen habitual de esta demanda —el solicitante— con sus propias aspiraciones y supuestos aporta otro nivel de complejidad a la demanda. En tanto cada problema necesita de estrategias específicas para su resolución, su naturaleza, escala y escenario de intervención serán, en parte, los que determinen las particularidades del repertorio gráfico que deberá utilizarse. Sin embargo cada proyecto es producto de un proyectista que dará, a través de la selección de los recursos gráficos a utilizar, su particular impronta al diseño. Esta particularidad es una construcción personal que se nutre de saberes adquiridos, del contexto cultural del proyectista y de su personal modo de concebir su práctica. En este acto simbolizante radica la dimensión poética del diseño. Al dar respuesta a las necesidades de comunicación lo diseñado trae a este mundo un nuevo decir, permite indagar en otros niveles de significación que van más allá de lo explícito.

Ser comunicación

El Diseño en todas su áreas de incumbencia constituye una actividad cultural cuyo fin es el de satisfacer, por un lado, aquellas necesidades primarias que surgen funcionalmente de nuestro habitar y, por el otro, aquellas necesidades pero ya secundarias que surgen esencialmente de nuestra condición humana.

En cuanto al Diseño Gráfico en particular, tiene como su campo de acción el de la comunicación. La imagen y la palabra escrita son el medio del que se vale para significar y resignificar la realidad simbolizante, para participar en la conformación de nuestro imaginario, para operar en nuestro habitar. En este hacer, el Diseño Gráfico, satisface necesidades al significar nuestra realidad a la vez que, al resignificarla, su carga poética nutre su propio hacer.

Es importante marcar aquí el alcance del término necesidades, ya que es un vocablo sumamente amplio, incluyendo en él a todas las necesidades humanas, tanto las que se insertan en el contexto de la sociedad acompañando su desarrollo como aquellas que surgen como una voz (LEDESMA 2003) que se contrapone, no tanto al desarrollo en sí, sino a los modos que ese desarrollo toma y sus consecuencias culturales y sociales. Necesidades no siempre relacionadas con el consumo, y que demandan de quien las satisface un compromiso social con su hacer, replanteándose el significado del término eficacia asociado casi siempre con el ámbito del mercado, para pensarlo más vinculado al aporte que este campo disciplinar puede hacer a la construcción de una sociedad más madura y más autónoma.

El amplio desarrollo de la práctica ha permitido a los profesionales intervenir en diferentes áreas de producción cultural. Un ejemplo de la escala y diversidad de su campo de competencia puede dimensionarse al analizar su rol en el contexto social. Es habitual, en este tipo de análisis no tener en cuenta la diversidad de quienes lo utilizan para desarrollar sus comunicaciones, al considerar sólo sus dos extremos posibles: el Diseño para el mercado de consumo y el Diseño de interés social. Así, aquel desarrollado para el Estado en sus múltiples modalidades, no tiene cabida en la mayoría de los estudios sobre las producciones de Diseño Gráfico. Su aporte tampoco es lo suficientemente valorado desde el Estado mismo, lo cual tiene como consecuencia el escaso desarrollo teórico sobre la función de la comunicación visual en el ámbito estatal y su impacto sobre la calidad de vida de los ciudadanos. Las esferas de lo público y lo privado, con sus complejidades particulares, son hoy el escenario privilegiado de las acciones de Diseño.

En los inicios de la práctica, este escenario era más acotado y vinculado, en mayor proporción, con los cambios en procesos productivos y comerciales.

A comienzos del siglo XX, William Addison Dwiggins (1880-1956), diseñador tipográfico y editorial estadounidense, acuñó el término «diseño gráfico» para describir sus actividades como las de un individuo que da orden estructural y forma visual a las comunicaciones impresas.

Hoy, esta definición no alcanza a cubrir la heterogeneidad de incumbencias, en relación con la comunicación, que caracterizan la práctica del Diseño Gráfico. Los cambios producidos en los contextos socioculturales en los que el Diseño actúa, han impactado sobre la disciplina llegando a desdibujar sus límites y poner en crisis su denominación en tanto ésta puede entenderse como únicamente ligada a la producción de comunicaciones impresas. Sin embargo, al revisar el significado de la palabra «gráfico» es posible dar a la nominación tradicional otros alcances.

Según su etimología, la palabra «gráfico» está formada con raíces griegas y significa «relativo a la descripción por medio de dibujos o grabados». Sus componentes léxicos son: *graphein* (escribir), más el sufijo *-ikos* (relativo a).
Gráfico (del lat. *graphĭcus*, y este del gr. γραφικός): descripciones que se hacen por medio de figuras.

En ambas definiciones se hace evidente la relación entre «gráfico» e «imagen» o «representación», y ambas carecen de referencias específicas a condicionantes técnicos para la producción de dichas imágenes, por lo que podría proponerse una redefinición de aquella enunciada por Addison Dwiggins y pensar al diseñador como un individuo que configura la estructura y forma visual a las comunicaciones. Aún así, esta definición no alcanza para dar cuenta de las características que ha asumido el Diseño con el devenir de su historia. Su relación con la comunicación es una de ellas, hoy es impensable hablar de conformar visualmente la comunicación tal como se analizará más adelante.

Esta redefinición supone incluir en el área de incumbencia del Diseño Gráfico a las múltiples modalidades que la comunicación ha desarrollado desde el siglo XIX hasta hoy —y aquellas en que lo hará de aquí en más— y las diferentes formas de la visualidad, trascendiendo los soportes impresos convencionales.

Pero así como ha cambiado el campo de acción del Diseño Gráfico, también lo ha hecho la relación de los usuarios con el diseño.

El Diseño Gráfico
ofrece
argumentaciones
visuales
que intervienen
en este complejo
montaje en el que
los interlocutores
interactúan.

En su análisis sobre los cambios producidos como consecuencia de los avances científicos y tecnológicos sumados a un proceso de globalización acelerado, Gómez-Martínez (2006) indaga en cómo, con la llegada del siglo XXI, «la perplejidad del cambio ha dado paso a la confirmación del cambio». En como nos encontramos inmersos en una realidad dinámica que transcendiendo las particularidades regionales, abarca a la comunidad humana en su totalidad e instala el cambio como realidad permanente. En este contexto cambiante, en el que se instala la cultura digital inaugurando una nueva categoría que incluye las competencias de autores, lectores, productores y consumidores, propone el surgimiento de una nueva figura: el *prosumidor*, figura que puede complementarse con la del *diseño difuso* al que hace mención Manzini en el texto antes mencionado en tanto en ambos aparecen nuevos actores y contextos de intervención en el campo del diseño.

Esta articulación entre productor y consumidor se hace presente en diferentes ámbitos de la cultura y se va consolidando a medida que las tecnologías digitales posibilitan un mayor acceso a información que puede devenir conocimiento en tanto este nuevo actor puede apropiarse de ella. Este apropiarse incluye el poder manipular y compartirla, para llegar, en algunos casos, a producir nuevo conocimiento. Otro tanto sucede con la imagen. Hoy una multiplicidad de plataformas ponen a disposición de los nuevos *prosumidores* infinidad de imágenes así como recursos para trabajarlas. A esta disponibilidad de recursos gráficos se suma una nueva relación entre usuarios y Diseño debido tal vez, entre otras causas más complejas, a lo que Boris Groys (2014) denomina el «Diseño de sí». Groys sostiene que, con la muerte de Dios, observador omnipresente para quien se diseñaba el alma, emerge el sujeto, y con ello aparece la necesidad del Diseño de sí

Los dos campos de
conocimiento que
constituyen al Diseño
Gráfico se disputan
el dominio del discurso
que la pieza propone.

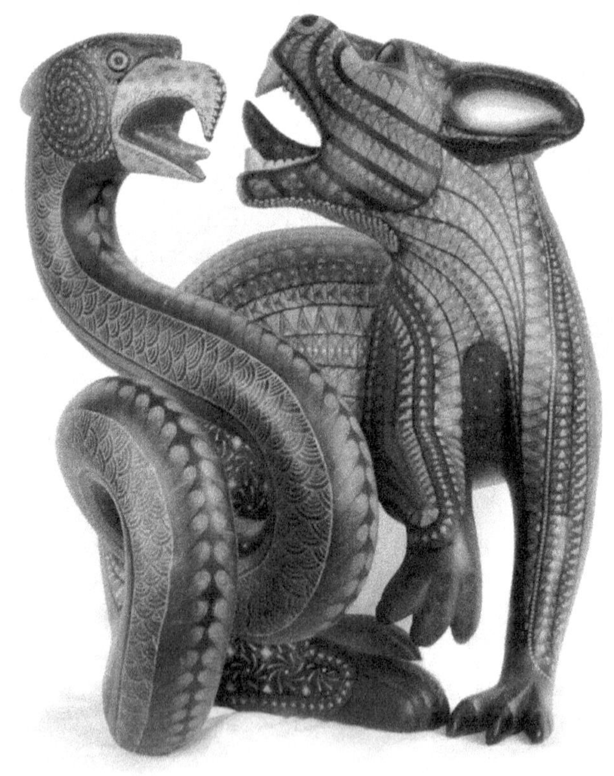

1.

como forma de expresar su ética. Así, «en el diseño, la ética se volvió estética; se volvió forma». La gravedad de este concepto, con el que podemos o no acordar, da cuenta de la inmensa responsabilidad y omnipresencia del Diseño en nuestros días.

En ambas ideas subyace un interrogante sobre el nuevo rol del Diseño en tanto disciplina en un contexto en el que el diseñar parece haberse incorporado a las prácticas cotidianas. En un hoy en el que todo se diseña y todos diseñan, el término Diseño aparece en los más diversos ámbitos para caracterizar una actividad que poco tiene que ver con la complejidad del diseñar.

Parte de esa complejidad se origina en la particular relación entre Diseño y Comunicación. Con demasiada frecuencia, al referirse al hacer del Diseño Gráfico, se utiliza como sinónimo Diseño de Comunicación visual, denominación que tal como sucede con otros términos utilizados en los discursos disciplinares, no ha sido analizada en profundidad.

El Diseño es un saber hacer que permite construir formas que son percibidas a través de la vista, es decir que produce objetos visibles, materiales e inmateriales pero siempre perceptibles. La comunicación, por otra parte, es una acción que no encarna en una forma o formas visibles. Es verdad que, en otros campos, es posible diseñar acciones pero este diseñar no refiere a un diseñar proyectual sino a un diseñar en tanto planificación o programación de acciones. Por lo tanto, y en coincidencia con lo ya enunciado por Carlos Carpintero (2007), la comunicación no se puede diseñar. Y tampoco puede ser reducida a un simple transmitir información de emisor a receptor. Múltiples son las voces que intervienen en esta acción así como los factores que intervienen en esta construcción, ya que de eso se trata. El Diseño Gráfico, en el marco de esta acción-construcción ofrece argumentaciones visuales que intervienen en este complejo montaje en el que los interlocutores interactúan.

Desde una concepción dialéctica de la disciplina es interesante proponer al campo de la comunicación y al del proyecto como el par dialéctico que la define y que, en su choque constante, la hace crecer. La tensión que esta relación dialéctica produce al interior del campo disciplinar es, metafóricamente hablando, equiparable a la que atraviesa a un ser policefálico cuyas cabezas luchan por dominar un único cuerpo.

Cada cabeza de un animal *policefálico* tiene su propio cerebro, y comparten de alguna manera el control de los órganos y miembros, aunque la estructura específica de las conexiones varían. Los animales se mueven a menudo de una manera desorientada y mareada, con los cerebros «debatiendo» el uno con el otro; algunos animales simplemente zigzaguean sin conseguir llegar a ningún lugar. Las cabezas de las serpientes policefálicas pueden atacarse e incluso intentar tragarse entre sí. (<https://es.wikipedia.org/wiki/Policefalia>)

De igual modo, los dos campos de conocimiento que constituyen al Diseño Gráfico se disputan el dominio del discurso que la pieza propone. Esta contienda puede, igual que sucede con un ser vivo, producir piezas gráficas tambaleantes con la consecuente desorientación en los interlocutores. Sin embargo, a diferencia de lo que sucede en la naturaleza, ambos pueden llegar a funcionar al unísono potenciándose mutuamente. Para ello, cada saber componente de este ser bicefálico debe reconocer la existencia del otro y calibrar el protagonismo según el contexto en el que se despliega su acción. Al respecto, María Ledesma en su texto *El Diseño Gráfico, una voz pública* (2003) refiere que:

El arte y el privilegio de la forma, la comunicación, los aspectos tecnológicos y la «función social» son conceptos que han aparecido asociados al diseño gráfico a lo largo de su historia en relación con distintas formaciones culturales y manteniendo distintas relaciones en el seno del propio diseño. Cuando se enfatiza uno sobre otro, cuando se dice que el diseño es esto y no lo otro, lo que en realidad se está haciendo es enfatizar una posición particular sobre el diseño que obstaculiza la consideración global de la disciplina.

A lo largo de la historia de la disciplina, esta bicefalía se ha puesto cada vez más en evidencia, como consecuencia de la diversificación de los problemas de comunicación. Este repensar el saber hacer ha producido nuevas concepciones del Diseño Gráfico en las que la Comunicación en tanto saber ha tomado un protagonismo muy diferente al que tenía cuando Dwiggins propuso su definición.

Tres

Mirando hacia atrás

Podemos reconocer cómo, en la medida en que las necesidades de comunicación a las que el Diseño Gráfico debió dar respuesta se complejizaron, el desarrollo de argumentaciones visuales lo hizo también. Alejandro Tapia (2005: 177) ubica al surgimiento del diseño gráfico en relación con los cambios producidos en el habitar. La complejización de los espacios urbanos y la creciente necesidad de comunicar a mayores e indiscriminados grupos sociales con la consecuente dificultad para hacerlo con los métodos tradicionales del pregón y la comunicación interpersonal, impulsó el desarrollo de una práctica que ya venía realizándose desde tiempo atrás, aunque sin formalizarse en un campo específico.[1] Cualquiera que fuese el origen de las prácticas que hoy conocemos como Diseño Gráfico, no hay duda de su fuerte y particular relación con los cambios sociales, culturales y económicos.

---

[1] Muchos y diversos son los orígenes propuestos para el Diseño Gráfico. Algunos autores lo ubican ya en el siglo IX al considerar al libro de Kells como un antecedente del diseño editorial actual, otros con la invención de la imprenta de tipos móviles por Johannes Gutenberg en el siglo XV. Como sucede con otras historias, la del Diseño Gráfico sólo considera los antecedentes en el mundo occidental, pero al revisar las producciones editoriales realizadas en oriente es posible pensar que la historia de la disciplina sea aún más rica y compleja.

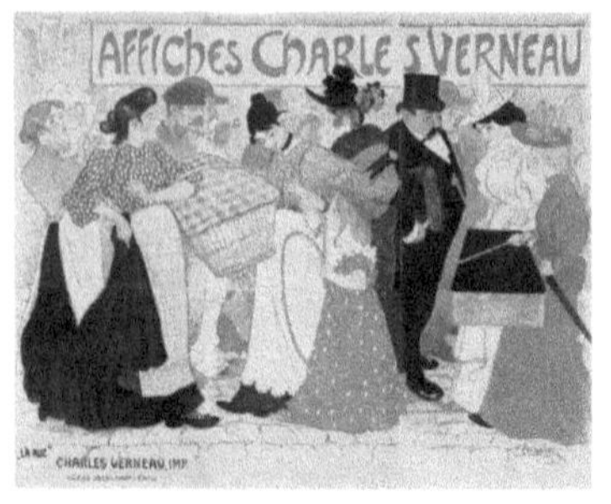

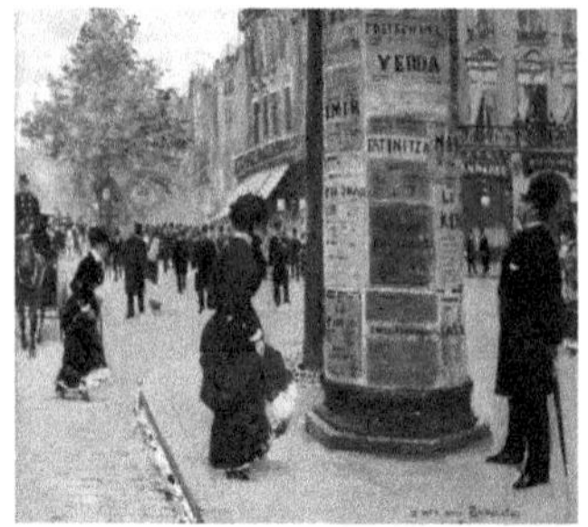

2, 3.

El Diseño Gráfico es una práctica estructuralmente urbana, surge en la ciudad y tiene a ésta como escenario primordial de su acción, por lo tanto los cambios producidos en ellas y en quienes las habitan tienen su correlato en la disciplina misma. El Diseño es parte de la cultura urbana, la constituye y es constituido por ella.

Como un claro ejemplo de este nuevo modo de habitar, Orhan Pamuk, en su novela *Una sensación extraña*, hace decir a Samiha, una joven turca habitante reciente de la ciudad de Estambul:

Leía con atención los titulares de los periódicos que había expuestos en las vidrieras de los almacenes, los carteles pegados en los muros, las enormes vallas publicitarias. Repetía abstraídamente en mi cabeza los pareados y refranes populares que había escritos en autos y camiones, y empezaba a sentir que la ciudad estaba hablando conmigo. (Pamuk, 2015: 315)

Las migraciones internas producidas como consecuencia de cambios en la política de explotación de la tierra —en el caso particular de Inglaterra— así como la creciente demanda de mano de obra en las ciudades

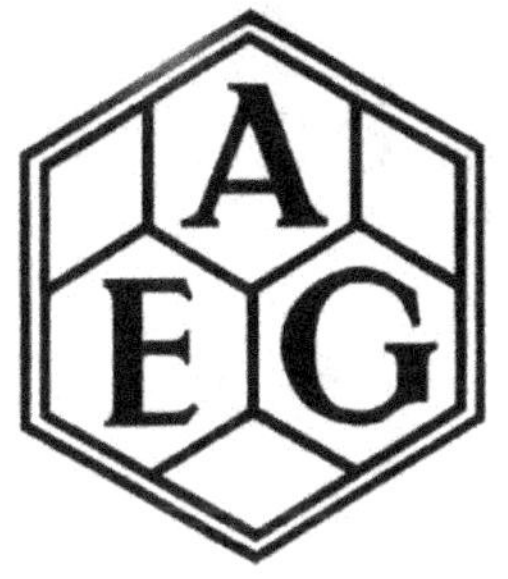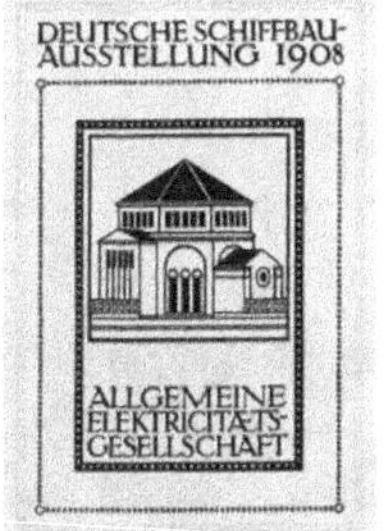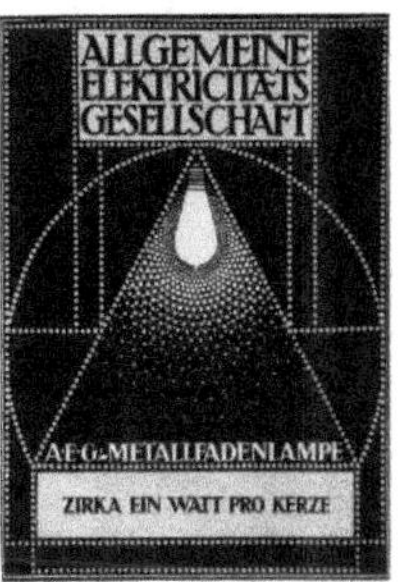

4, 5, 6.

epicéntricas tuvo como consecuencia la movilidad de población rural hacia las urbes en las que fueron incorporados a las nuevas industrias. El aumento de la población escolarizada debido a la incorporación de los hijos de estos nuevos ciudadanos también movilizó la producción de piezas graficas específicas como por ejemplo los manuales escolares así como la de textos en general.

Estos nuevos habitantes urbanos así como los nuevos y crecientes niveles de producción de objetos industrializados, demandaron por el desarrollo de piezas gráficas que pudieran dar respuesta a las nuevas necesidades. Los nuevos habitantes de las ciudades necesitaban informarse, abastecerse de productos, distraerse y, paralelamente, construir un imaginario propio en el entorno urbano.

Como refiere Tapia (2007) a consecuencia de este nuevo modo de habitar surge la necesidad de desvincular al discurso del cuerpo del emisor con el objetivo de alcanzar una mayor cantidad de interlocutores. Las primeras piezas que surgen en estos nuevos espacios urbanos son de diverso grado de complejidad en términos de construcción gráfica. Hacen su aparición, entre otros, marcas, afiches, envases, diarios y avisos publicitarios, poniendo en juego diversos saberes para su diseño y posterior concreción.

Golden Type   CLOISTERS

Goudy Old Style Italic   Centaur

7, 8, 9, 10.

Muchas de las primeras producciones de diseño fueron realizadas por artistas plásticos —los afiches de Toulouse Lautrec y Mucha son un excelente ejemplo de estos tiempos— y los primeros tipógrafos como William Morris y Stanley Morison entre otros, que tuvieron a su cargo el desarrollo de las piezas editoriales, el diseño de nuevas fuentes tipográficas y la recuperación de tipos venecianos durante finales del siglo XIX y principios del siglo XX, incluyendo el tipo *Golden* de William Morris, *Goudy Old Style* de Frederic Goudy, *Cloister Old Style* de Morris Fuller Benton y *Centaur* de Bruce Rogers.[2]

En el campo del diseño editorial, el diseño de periódicos fue el que más debió complejizarse para dar respuesta a las demandas de diversificación de contenidos y públicos como consecuencia de los cambios poblacionales producidos con el abrupto crecimiento de las ciudades antes mencionado.

El *Strassburger Relation* fue el primer periódico impreso, publicado en Estrasburgo hacia 1605, en 1645 se publica en Suecia el *Post-och Inrikes Tidningar* (*Boletín de informaciones nacionales*) y en Francia, entre 1631 y 1915, *La Gazette* de France. El primer periódico diario

---

[2] <http://www.unostiposduros.com/estilos-graficos-del-siglo-xix-al-xx/>.

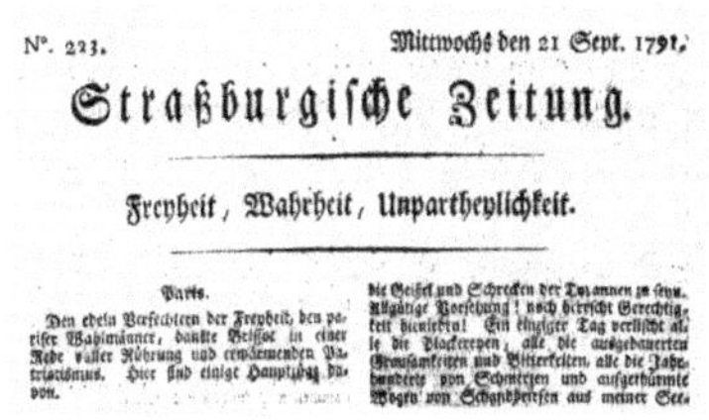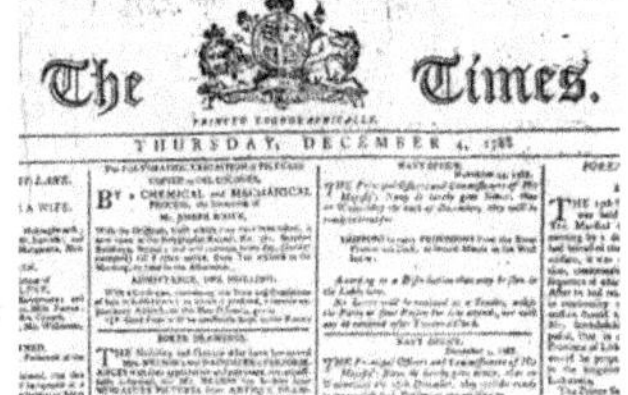

11, 12.

—*Daily Courrant*— nace en Inglaterra en 1702. Hacia 1715 ya había en el país una furiosa actividad editorial. En ese contexto, surgen un gran número de publicaciones de periodicidad variable. Los escenarios de circulación de periódicos de mayor relevancia fueron los cafés, donde la gente se reunía para leerlos y comentar las noticias. Fue en Inglaterra, donde en 1792 se aprobó el Libel Act la primera «Ley de Prensa burguesa», y donde apareció, ya a finales de siglo, la prensa de negocios. Las empresas periodísticas introdujeron innovaciones técnicas, establecieron una infraestructura informativa para el relevamiento de noticias y mejoraron los sistemas de distribución. Surgieron empresarios con una nueva mentalidad y fines lucrativos que modernizaron sus empresas, redujeron costos y aumentaron la capacidad productiva. Un ejemplo de este crecimiento y cambio fue el periódico *The Times* publicado por primera vez en 1785.

El diseño de gráfica para producto —tanto envases como gráficas publicitarias— tuvo un fuerte desarrollo a la par de los avances en los modos de producción que comenzaron con la Revolución Industrial en el siglo XVIII y que impulsaron la necesidad de modificar las estrategias de comunicación para incentivar el consumo. La diversificación y complejización social, consecuencia de los fuertes cambios producidos en estos años, tuvo también su correlato en el campo del Diseño Gráfico, intrínsecamente relacionado con la vida cotidiana. Como ya se ha mencionado, este saber hacer es un emergente de la cultura urbana y sus producciones abarcan la casi totalidad de actividades que se desarrollan en aquellos ámbitos, siendo sus escenarios de acción tanto los espacios públicos como los privados.

Sus producciones incluyen también a la totalidad de los habitantes desplegando una multiplicidad de discursos visuales.

Con el correr del tiempo, la envergadura y complejidad de los temas a resolver, fue demandando por conocimientos más específicos que excedieron la capacidad de aquellos primeros artistas devenidos diseñadores. El campo del diseño editorial y del diseño de identidad fueron los que más rápidamente acusaron recibo de la complejidad creciente. El primer ejemplo de este cambio de paradigma que rescata la historia de la disciplina con ciertos y eventuales antecedentes surge en Alemania a comienzos del siglo XX con la primera propuesta de desarrollo de un sistema de identidad diseñado por Peter Behrens para la empresa AEG (Allgemeine Elektrizitäts-Gesellschaft).

Behrens estudió pintura en la Escuela de Arte de Karlsruhe entre 1886 y 1889. Al finalizar sus estudios se estableció en Múnich donde trabajó como pintor, dibujante publicitario, fotógrafo y diseñador. En abril de 1892 fundó la Secesión de Múnich (*Verein bildender Künstler Münchens*) junto con Franz von Stuck, Max Leiebermann y Lovix Corinth, entre otros. Cinco años más tarde creó la vanguardista *Vereinigte Werkstätten für Kunst im Handwerk* (Talleres unidos por el arte en las artesanías) y en 1903 ejerció como director de la Kunstgewerbeschule (Escuela de Artes y Oficios) en Düsseldorf. En 1907 se sumó a la Deustscher Werkbund fundada por Hermann Muthesius. Ese mismo año fue nombrado consejero artístico de la AEG y publicó *El arte en la tecnología*, la base de «*perfekt in form und function*» (diseño y funcionalidad perfectos). La empresa AEG lo convocó para trabajar en ella convirtiéndose así en el primer diseñador industrial del mundo. Para esta empresa diseñó los proyectos de fábricas y viviendas para los trabajadores, muebles, productos industriales e incluso la papelería, carteles, anuncios y escaparates. Arquitectos como Mies van der Rohe y Le Corbusier trabajaron bajo sus órdenes. Behrens estableció por primera vez el concepto de «identidad corporativa».[3] El diseño de productos fue solo el principio, fue la primera persona en crear logotipos, material publicitario y publicaciones de empresas con un diseño coherente y unificado. Diseñó fábricas adaptadas a los requisitos particulares de AEG y sus empleados; no solo creó el logotipo de la empresa, sino también toda la identidad corporativa, incluidas numerosas campañas de publicidad. El diseño corporativo se convirtió en un elemento básico de la estrategia de una empresa industrial y de sus marcas.

El desarrollo de proyectos de esta envergadura implicó comenzar a pensar en el diseño de conjuntos de piezas gráficas con características afines que permitieran reconocerlas como parte de una unidad mayor sin subordinar a esta pertenencia la eficacia funcional de usabilidad —para piezas de diseño industrial y arquitectura— y comunicacional para las piezas de diseño gráfico.

---

[3] La identidad corporativa es la manifestación física de una marca. Hace referencia a los aspectos visuales de la identidad de una organización comercial o no, y se relaciona directamente con su historia o trayectoria, sus proyectos y su cultura corporativa. En general incluye un signo marcario y diferentes piezas gráficas.

El concepto de sistema venía desarrollándose en otros campos del conocimiento, y el diseño en sus diferentes especialidades fue incorporándolo más que como forma de nominar una tipología como estrategia metodológica que permitía encarar la resolución de problemas complejos.

Cuatro

En busca de un orden posible

El paso de Arte Aplicada a Diseño implicó mucho más que un cambio en la forma de los objetos y la gráfica, demandó pensar en una práctica planificada, intencionada, repetible y difundible de una escala y complejidad muy diferente a la llevada a cabo hasta entonces por aquellos primeros artistas-diseñadores.

Este largo camino, iniciado con mayor formalidad en la Staatliche Bauhaus incorporó, a lo largo de los años, conocimientos construidos en otros campos disciplinares con el objetivo de conformar las bases de una nueva práctica profesional que buscaba consolidarse como tal alejándose de su pasado artesanal.

Las demandas de un mercado en constante expansión como consecuencia de los procesos de industrialización y los cambios en el habitar urbano que éste produjo, así como las surgidas en el ámbito de la enseñanza de la disciplina incentivaron, conscientemente o no la búsqueda de metodologías que posibilitaran la resolución de problemas de complejidad creciente.

Paralelamente era necesario construir un repertorio de nombres que permitiera identificar las diferentes piezas que comenzaban a producirse desde esta incipiente práctica. Esta construcción fue produciéndose a lo largo de la historia de la disciplina y continúa aún hoy con la incorporación de nuevos términos y conceptos. Algunos como

A medida que el accionar del diseño fue ampliando sus fronteras y que fueron detectándose nuevas necesidades de comunicación, surgieron nuevos objetos de diseño que necesitaron nombrarse.

libro, afiche, marca o envase tienen su origen en lo recóndito de la historia de la cultura y al incorporarse los objetos que denominan al campo de las incumbencias del diseño gráfico, fueron adoptados por éste conservando su nominación. Pero a medida que el accionar del diseño fue ampliando sus fronteras y que fueron detectándose nuevas necesidades de comunicación, surgieron nuevos objetos de diseño que necesitaron nombrarse y con este nombrar constituirse, en tanto aquello que no es nombrado no existe como tal. La mayoría de los términos que fueron incorporándose al universo de objetos gráficos diseñados tomaron su nombre de su función, como por ejemplo aviso o señal, otros de su morfología y materialidad como folleto que deriva de *foglietto* palabra italiana diminutivo de *foglio* (folio, hoja preparada para escribir). Pero a medida que fueron surgiendo problemas de comunicación que demandaban por resoluciones innovadoras, y en tanto éstas fueron incorporándose al repertorio de producciones gráficas habituales, se hizo necesario nominarlas. Uno de los primeros ejemplos de estos nuevos objetos de diseño que tienen su origen en la consolidación y complejización de la práctica del diseño gráfico son los sistemas.

La inclusión del término sistema en el universo del Diseño implicó la irrupción de un nuevo concepto en el campo de la práctica. Un concepto que trascendió la mera nominación de un objeto para aportar un nuevo modo de pensar el diseño como saber hacer.

Cuando Peter Behrens diseña el primer sistema de identidad para la empresa AEG, hace más que diseñar un objeto innovador, inicia un cambio en la manera de concebir el diseño. Un cambio que se irá desarrollando a lo largo del tiempo y que incluirá, a partir de la década del '60, también a su metodología.

El término sistema viene del latín *systema* y este del griego σύστημα (*systema*= unión de cosas en una manera

organizada), compuesta de *σύσ* (*syn*= junto, como sina-
goga, idiosincrasia) y *στημι* (*hístemi*= establecer, poner en
pie, detener, estar en pie) y el sufijo *μα*, que indica instru-
mental-medio-resultado, como en axioma, lexema, mor-
fema, etcétera.

La Real Academia española define sistema como:

1. *m*. Conjunto de reglas o principios sobre una materia
racionalmente enlazados entre sí.
2. *m*. Conjunto de cosas que relacionadas entre sí ordenadamente contribuyen a determinado objeto.

Y José Ferrater Mora, en su *Diccionario de filosofía*
lo define como:

conjunto de elementos relacionados entre sí funcionalmente, de modo que cada elemento del sistema es función de
algún otro elemento, no habiendo ningún elemento aislado.
El término 'elemento' está tomado en un sentido neutral;
puede entenderse por él una entidad, una cosa, un proceso, etcétera —en cuyo caso cabe hablar de «sistema
real»—, o puede entenderse por él algún concepto, término, enunciado, etcétera —en cuyo caso cabe hablar de
«sistema conceptual», «sistema lingüístico», etcétera—. En
algunos casos, el elemento de que se habla tiene un aspecto «real» y un aspecto «conceptual»; ello sucede cuando, como ocurre a menudo, el sistema de que se habla
está compuesto de reglas o normas. (Ferrater Mora,
1979: 3062-3068)

Así como éstas, las múltiples definiciones de sistema a las que podemos acceder dan cuenta de que la
concepción de sistema —en todos los contextos en los
que este concepto se ha utilizado y utiliza— refiere a un
conjunto de elementos, las relaciones que se establecen

entre ellos y los diferentes modos en los que tanto sistema como elementos y relaciones reaccionan ante los estímulos externos.

En el texto antes citado, José Ferrater Mora hace referencia a algunas de las primeras definiciones de sistema que es posible encontrar en el campo de la filosofía. En este desarrollo expone como el concepto de sistema fue tratado con frecuencia desde Kant y especialmente en el curso del idealismo alemán —por Fichte, Schelling y Hegel, quienes presentaban sus pensamientos, inclusive las diversas fases de los mismos, como «sistemas»—. En la «Dialéctica trascendental» de la *Crítica de la razón pura*, Kant retoma su antigua idea de sistema como un todo del conocimiento ordenado según principios, y define la arquitectónica como el arte de construir sistemas. Pero como justamente la razón humana es arquitectónica, resulta que puede convertir en sistema lo que era un mero agregado de conocimientos. De ahí la definición precisa: «Por sistema entiendo la unidad de las formas diversas del conocimiento bajo una sola idea» (*K.r.V.*, A 852 / B 860), donde la idea es el concepto dado por la razón. Por eso, según Kant, el concepto determina a priori no sólo el alcance del contenido, sino las posiciones recíprocas de las partes, de suerte que podemos conseguir una unidad organizada (*articulatio*) y no un mero agregado (*coacervado*), un orden que crece desde dentro (*per intus susceptionem*) y no mediante sucesivas agregaciones (*per appositionem*).

Según el mismo autor, Hegel, en cambio, sostiene la idea —real y conceptual— del sistema. Puesto que solamente lo total es verdadero, y puesto que lo parcial es no-verdadero o, mejor dicho, momento «falso» de la verdad, esta última será esencialmente sistemática, y la realidad y verdad de cada parte solamente tendrán sentido en virtud de su referencia e inserción en el todo. De ahí que, como dice en el prefacio de la *Fenomenología del*

Espíritu, «la verdadera figura dentro de la cual existe la verdad no puede ser sino el sistema científico de esta verdad». Según esto, la verdad sería solamente la articulación de cada cosa con el todo, y el todo mismo que expresa el sistema de esta articulación.

Más cerca en el tiempo, Edgard Morin propone la epistemología de la complejidad a partir de las tres teorías preexistentes: la cibernética, la teoría de sistemas y la teoría de la información, complementadas con la teoría de la autorganización de Heinz von Förster. En su texto *Introducción al pensamiento complejo* retoma la Teoría General de los Sistemas y analiza sus potencialidades y sus riesgos.

> Podríamos decir, de la Teoría de Sistemas, que ofrece un aspecto incierto para el observador exterior y, para aquél que penetra en ella, revela al menos tres facetas, tres direcciones contradictorias. Hay un sistemismo fecundo que lleva en sí un principio de complejidad; hay un sistemismo vago y plano, fundado sobre la repetición de algunas verdades asépticas primeras («holísticas») que nunca llegaran a ser operantes; está, finalmente, el *system analysis*, que es el equivalente sistémico del *engineering* cibernético, pero mucho menos fiable, y que transforma el sistemismo en su contrario, es decir, como el término *analysis* indica, en operaciones reduccionistas. (MORIN, 1990: 42)

> La Teoría de Sistemas reúne sincréticamente los elementos más diversos: en un sentido, caldo excelente de cultivo, en otro, confusión. Pero ese caldo de cultivo ha suscitado contribuciones a menudo muy fecundas en su diversidad misma. (MORIN, 1990: 46)

Ese sistemismo profundo del que hace mención, por su relación con la complejidad, junto con la valoración de los aportes de la teoría para trascender la unidad elemental por una unidad compleja en la que el todo no se reduce a la suma de sus partes, pueden aportar a la comprensión, como se verá luego, tanto del Diseño como sistema, como de los sistemas que diseñamos. Esta posibilidad se relaciona con otro aporte que reconoce Morin y es el «haber concebido la noción de sistema como una noción ambigua o fantasma» (1990: 42) alejándose de lo puramente formal, lo que posibilitaría pensar casi toda realidad conocida desde esta teoría.

En la introducción al texto *El Simposio de Portsmouth* (1969), Juan Pablo Bonta menciona la necesidad de capitalizar para el ámbito local los estudios sistemáticos de los procesos de diseño arquitectónico realizados a partir de incorporar los nuevos desarrollos teóricos producidos en el campo de las ciencias humanas, físicas y matemáticas. Las ponencias presentadas en dicho simposio centraron la mirada en las nuevas metodologías de Diseño la mayoría de las cuales fundan sus bases en una concepción sistémica del diseño arquitectónico.

Las ideas desarrolladas en los años '60 impactaron a través de sus actores en la definición del Diseño Gráfico como campo disciplinar y luego en su modalidad de enseñanza (Mazzeo 2014).

Cinco

En lo profundo: diseño y sistema

Actualmente, y tal como se verá más adelante, el impulso inicial de la concepción sistémica ha decaído, sin embargo es posible aún encontrar referencias a la concepción del Diseño como sistema, particularmente en el ámbito académico. Estas referencias relacionan al Diseño Gráfico con el concepto de sistema desde dos lugares diferentes: la concepción sistémica como metodología de diseño y la idea de sistema como objeto a diseñar, siendo esta última la más usual.

La primera implica plantear una suerte de deconstrucción del problema de Diseño en sus diferentes dimensiones entendiendo que cualquier objeto de Diseño puede ser analizado y concebido desde las partes que lo componen y sus relaciones. Este modo de pensar tiene su origen en el campo de la Arquitectura desde el que fue traspolado al del Diseño Gráfico por los primeros arquitectos dedicados a su práctica.

La segunda, más instalada en la práctica de la profesión, refiere a muchas de las tipologías diseñadas como sistemas, de identidad, señaléticos, de envases, etcétera. Según las particularidades de cada caso estos sistemas conllevan, a su vez, piezas iguales en cuanto a su tipología o piezas diferentes, objetivos comunicacionales similares o diversos. En algunas situaciones, los sistemas de piezas diferentes o de distinta tipología que dan respuesta a una diversidad de objetivos comunicacionales se denominan sistemas de sistemas o sistemas complejos.

Las dos dimensiones en las que la idea de sistema aparece, ameritan un análisis más profundo. La concepción sistémica del Diseño no es compartida por todos quienes se dedican a la práctica profesional, mientras que sí aparece incorporada a la disciplina la idea de que los diseñadores gráficos proyectan sistemas de identidad, de envases, de signos, etcétera, por lo que la inclusión de la idea de sistema vinculada a la disciplina aparece, de algún modo, como naturalizada.

Un todo complejo

La propuesta de retomar la idea de sistema como forma de concebir al hacer del Diseño Gráfico, se basa en entender que esta concepción sistémica puede facilitar la comprensión de la complejidad implicada tanto en el proceso de diseño como en el objeto a diseñar. Al desagregar las invariantes presentes en cualquier resolución de Diseño, a la vez que conlleva una fundamentación ideológica basada en su concepción sistémica.

Esta concepción sistémica tiene su origen en las propuestas desarrolladas en Metodología y Teoría de la arquitectura en los años '60, las que a su vez, tomaron como referencia la ya mencionada *Teoría General de Sistemas*, desarrollada por von Bertalanffy entre 1937 y 1969. Su texto fue utilizado como bibliografía de referencia para el desarrollo de propuestas metodológicas orientadas a la comprensión de la arquitectura como sistema.

En este trabajo, el autor enuncia que «un sistema puede ser definido como un conjunto de elementos interrelacionados entre sí y con el medio circundante» (BERTALANFFY, 1992: 263) y que dicho concepto puede ser aplicado a cualquier «todo» que consista en «componentes» que interactúen (BERTALANFFY, 1992: 11).

> Un sistema puede ser definido como un complejo de elementos interactuantes. Interacción significa que elementos *p*, están en relaciones, *R*, de suerte que el comportamiento de un elemento *p* en *R* es diferente de su comportamiento en otra relación *R'* (BERTALANFFY, 1976: 56)

La teoría de Bertalanffy se desarrolló originalmente para el campo de la biología, y a partir de su difusión, sus ideas se ramificaron y fueron tomadas por diferentes campos de conocimiento.

Esta forma de presentar los sistemas y la relevancia dada por el autor al estudio de las interrelaciones entre sus diferentes componentes, así como su idea sobre las potencialidades de la teoría presentada, fueron incorporadas por diferentes programas de enseñanza de la arquitectura, particularmente en la asignatura Metodología de Diseño.

El concebir la arquitectura y su enseñanza desde una mirada sistémica tuvo, en las décadas de los '60 y '70 —en la entonces Facultad de Arquitectura y Urbanismo de la Universidad de Buenos Aires— un intenso desarrollo. Dan cuenta de ello las investigaciones realizadas en el Instituto de Arquitectura creado en 1968, uno de cuyos grupos de trabajo tenía asignado específicamente el estudio de la sistematización del Diseño Arquitectónico aplicada a la práctica profesional y la enseñanza. En ese entonces, el estudio sistemático del proceso de Diseño tenía pocos años de desarrollo en el ámbito internacional y poquísimos en el nuestro. Aún así, alcanzó un vertiginoso desarrollo que lo llevó a constituirse en una herramienta fundamental de la enseñanza de la arquitectura y de la práctica profesional (BONTA, 1968: IX).

Es nuestro propósito construir un sistema conceptual que permita recortar el objeto teórico específico de una teoría del diseño, entendida como ciencia social y humana capaz de dar cuenta de su evolución, e instaurar un dispositivo metodológico que opere una diferencia radical entre los problemas relativos al conocimiento de la vida socio-cultural en su conjunto y el dominio específico de observación de los objetos de diseño.

Sólo la razón puede dotar de una organización coherente a los elementos que componen un objeto para entregarlos a la experiencia como una totalidad con sentido. Este es el camino para establecer entre las cosas relaciones lógicas, conforme un sistema de principios, de clases de transformaciones y de agrupaciones de objetos. (CARVAJAL, 2005: 42)

Como toda disciplina vinculada a una práctica profesional, el Diseño Gráfico edifica su marco teórico de referencia mientras se constituye como saber. Para esta construcción, se nutre de referencias teóricas provenientes de diferentes campos del conocimiento: la Teoría Proyectual, las Ciencias de la Comunicación, la Tecnología, la Historia del Arte y la Estética, han aportado su particular mirada hacia la disciplina con su consecuente enriquecimiento. La producción teórica de la arquitectura ha sido, en muchos casos, una referencia ineludible. Los saberes implícitos en el proyectar y el enseñar, aunque no siempre explicitados en producciones teóricas concretas, participaron también en la transmisión, desde un campo de conocimiento (Arquitectura) al otro (Diseño), del concepto de sistema como modo de concebir tanto al Diseño mismo como a muchos de sus productos.

Si tenemos en cuenta que los primeros diseñadores gráficos con formación profesional fueron en general arquitectos entenderemos los porqué de estas traspolaciones conceptuales. Si a su vez recordamos que muchos de estos arquitectos-diseñadores gráficos participaron en el diseño de las primeras propuestas de enseñanza de la disciplina en ámbitos académicos, comprenderemos los cómo.

Pero los por qué y los cómo de entonces han ido cambiando, al resignificarse y adaptarse a las nuevas particularidades y condiciones de la práctica. Pensar en sistemas hoy supone pensar en proyectos complejos, flexibles, mutables y adaptables a las nuevas realidades comunicacionales y contextuales. De igual modo se hace necesario repensar la concepción sistémica del Diseño Gráfico como recurso metodológico y también como objeto a diseñar.

Sistema gráfico

Cuando pensamos en piezas gráficas solemos pensar en unidades consolidadas y estables. Sin embargo aún un isotipo o un logotipo se componen de elementos escindibles que se articulan de un modo sistemático para constituir esa unidad. Cuánto mayor sea la complejidad de la pieza gráfica en cuestión, mayor será su complejidad sistémica.

Así, al traspolar la definición de sistema de Von Bertalanffy[1] es posible decir que: una pieza gráfica (sistema) puede ser definida como un complejo de recursos gráficos (elementos) interactuantes. Esta interacción significa que dichos recursos gráficos específicos están en relación en una pieza gráfica, de suerte que el comportamiento de un recurso gráfico específico en dicha pieza gráfica, es diferente de su comportamiento en otra pieza gráfica.

---

[1] Ver cita en página 59.

Este modo de pensar los objetos de diseño posibilita desagregar los elementos componentes para evaluar su rendimiento y así realizar los ajustes sucesivos tan propios de la práctica proyectual.

Antes de avanzar con esta propuesta es necesario ubicarse por un momento en el rol de abogado del diablo y poner en cuestión la eficacia de la concepción sistémica del Diseño que tuvo su momento de auge en la década del '60 y, que tal vez por el modo cuasi dogmático con el que fue desarrollada, provocó que sus detractores coartaran las posibles aplicaciones en otros campos del proyecto. El pensar la metodología y la concepción sistémica como fórmulas esclerotizantes diluyó sus potencialidades en relación con el conocimiento y práctica proyectual. Sin embargo la fuerza de los planteos iniciales subyace en diversos discursos, particularmente en aquellos sobre el Diseño Gráfico así como lo hace en la denominación de objetos diseñados.

Las partes de un todo

Siempre que se diseña algo, o se hace, o se boceta y pinta, dibuja, garabatea, construye, esculpe o gesticula, la sustancia visual de la obra se extrae de una lista básica de elementos. Y no hay que confundir los elementos visuales con los materiales de un medio, con la madera, el yeso, la pintura o la película plástica. Los elementos visuales constituyen la sustancia básica de lo que vemos y su número es reducido: punto, línea, contorno, dirección, tono, color, textura, dimensión, escala y movimiento. Aunque sean pocos, son la materia prima de toda la información visual que está formada por elecciones y combinaciones selectivas. (DONDIS, 1985: 53)

El repertorio de elementos que constituyen un sistema gráfico es producto de un reflexivo proceso de selección entre el universo de recursos gráficos posibles, y se fundamenta en el recorte conceptual sobre el tema del proyecto así como sus necesidades comunicacionales y funcionales. Es necesario mencionar aquí que la selección de recursos gráficos es también la que expresa la particular mirada de cada diseñador sobre el problema que debe resolver. Es la que dará forma a aquella punta del iceberg mencionada al comienzo de este texto.

Independientemente de las particularidades de cada objeto de Diseño, los recursos gráficos a utilizar, tal como refiere Dondis, surgen de un repertorio acotado y posible de reconocer. Dependiendo de las particularidades tipológicas y funcionales de la propia pieza gráfica, esta elección involucrará más o menos recursos que se relacionarán de un modo más o menos complejo para constituir ese objeto o sistema.

Toda enumeración corre el riesgo de ser incompleta en tanto surge de la particular mirada de quien la enuncia. Asumiendo el peligro de la falta, es posible enunciar los principales elementos que constituyen el sistema básico que permite resolver diferentes objetos.

Aún pese a sus especificidades tipológicas, materiales y funcionales, el universo de piezas gráficas comparte invariantes morfológicas que nos permiten reconocerlas como tales. Y, dependiendo de las características de cada pieza, podrá detectarse, o no, la presencia la totalidad de los elementos descriptos. Su análisis es necesario para comprender la complejidad y riqueza del Diseño Gráfico como sistema, parte de cuya complejidad radica en que casi cada uno de estos elementos podría entenderse a su vez como sistema lo que constituiría entonces un sistema de sistemas.

13, 14, 15.*

Tipografías

Logotipo e isotipo son las piezas gráficas que menor cantidad de elementos del sistema ponen en juego para su resolución.[2]

El primero de ellos se sustenta en la utilización de elementos pertenecientes a un sistema, el sistema tipográfico. Cada familia tipográfica constituye un sistema y es, a la vez, parte de un sistema mayor que es el del espacio tipográfico.

Nuestro alfabeto es un sistema de signos cuya interacción permite la representación visual del lenguaje. Cada signo posee características propias, pero sus aspectos comunes con el resto de las letras del sistema nos ayudan a reconocerlos como pertenecientes a un mismo grupo.

---

* Los trabajos de Diseño Gráfico seleccionados para ejemplificar los diversos conceptos que componen este texto corresponden a la producción del estudio ZkySky. La elección de un único estudio permite dimensionar la diversidad de recursos gráficos y criterios sistémicos que implica el desarrollo de proyectos en el marco de la práctica profesional.

[2] También podrían incluirse los pictogramas pero estos no suelen funcionar de forma independiente salvo aquellos generados para sistemas de señalización universal.

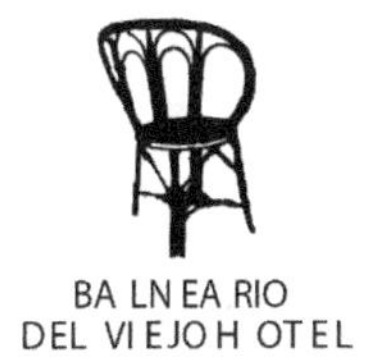

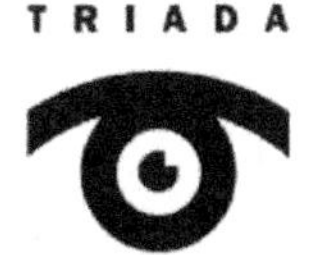

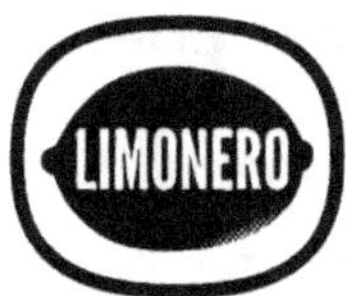

16, 17, 18.

> La familia tipográfica es un conjunto de signos alfabéticos y no alfabéticos con características estructurales y estilísticas comunes, que permiten reconocerlas como pertenecientes a un mismo sistema. Una familia, desde el punto de vista del diseño, es un programa.[3] (ROMERO)

Es innecesario analizar aquí la extensión y diversidad del mundo tipográfico para que pueda comprenderse que la elección de sistema tipográfico para una pieza gráfica no es inocente. Los significados emergentes de la forma tipográfica participan en la construcción del discurso gráfico objeto de Diseño. La morfología de las diferentes familias permite que éstas participen como formas que interactúan con las imágenes seleccionadas dialogando con ellas en relaciones que pueden ser de armonía o contraste formal. La elección de la tipografía también supone considerar el plus de sentido que cada familia tipográfica aporta en función de sus particularidades formales, origen e historia.

---

[3] ROMERO, Marcela en <http://www.oert.org/familia-tipografica/> (recuperado el 5/02/16).

Imágenes

Es verdad que no todas las producciones apelan al uso de imágenes para encarnar sus argumentaciones. El ejemplo, casi extremo, del imagotipo[4] permite dimensionar su rol en la construcción de piezas gráficas. La inabarcable diversidad de las que participan en las producciones de Diseño da cuenta de la riqueza y complejidad que tiene este componente del sistema.

Es, también, el elemento más analizado por bibliografía específica tanto desde el campo de la Comunicación como desde el de la Estética, y aún si su presencia no es excluyente, las imágenes dominan el universo de las producciones de Diseño Gráfico. Tal es su grado de protagonismo como consecuencia de su capacidad argumentativa que pueden llegar a opacar el rol de los otros componentes del sistema al momento de diseñar. Semejante relevancia demanda por una profunda reflexión previa a la selección de las imágenes a utilizar en cada proyecto.

El qué de la imagen

La primera definición que debe considerarse vinculada con las imágenes, es su posicionamiento en relación con la realidad. Al analizar esta vinculación, Marta Zátonyi (2010) en su texto *El latir de la palabra*, plantea en primer lugar, la diferencia entre aquel arte que busca

---

[4] Un isotipo o imagotipo es un signo no verbal diseñado para identificar. Son imágenes de naturaleza muy diversa que pueden acompañar al logotipo pero que también pueden identificar por sí solas aquello a lo que refieren. Por su necesaria pregnancia y memorabilidad suelen tener un alto nivel de síntesis en su forma. Al ser una pieza en sí mismos, son la mínima expresión del uso de imágenes para la construcción de piezas gráficas.

acercase a lo esencial, lo universal, independientemente de que ésta búsqueda tome formas figurativas o no figurativas aunque suele preferir la no figuración,

> ... cierto arte que escudriña y privilegia la esencia, que intenta acceder a la idea a priori, a la idea platónica. Malevich, Mondrian, Klein, Moholy-Nagy, en el panorama moderno, el arte griego clásico, el romano, pero también el universo geométrico islámico o el del Renacimiento, todos pretendían alcanzar esta imagen esencial, que es la síntesis de todo, la idea abstraída de toda la singularidad. (2010: 157)

Y, en segundo lugar, aquel que centra la mirada en lo particular, lo individual,

> Se puede afirmar que la mayoría de los artistas plásticos, a lo largo de los tiempos y a lo ancho del mundo, actuaron de manera contraria. Rehusaron esta universalidad para exaltar lo momentáneo, lo particular, lo subjetivo. Privilegiaron lo único, lo irrepetible, donde la obra es la expresión de un alma única, de una circunstancia única, de un estado de las cosas irrepetible. A diferencia de los cánones estéticos anteriores, aclamaron el valor de lo efímero. Los helenistas, los manieristas, los expresionistas, o Bacon, Freud o Sutherland de la posguerra, fueron, entre otros, los que se destacaron en ello. (2010: 158)

Expresiones éstas que suelen preferir la figuración, en tanto, siguiendo nuevamente a Zátonyi,

> En otras palabras, la figura es la forma convenida y cargada con significado, nombrada desde el lenguaje y por lo tanto separada de un desesperante e ilimitado todo. En otras palabras, la figura es aquella forma de representación

que de una u otra manera reproduce, a través de la obra, lo que previamente había existido. (2010: 159)

Entonces, el carácter de abstracto o no abstracto de una imagen radica en el grado de generalidad o universalidad de aquello que quiere relatar, mientras que lo figurativo o no figurativo radica en su vínculo con lo previamente existente en tanto figura.

El cómo de la imagen

Con aparente independencia, como veremos más adelante, del criterio de imagen con el que se construya el sistema gráfico, es imposible soslayar el modo en el que esa imagen, ya sea figurativa o no figurativa, es representada. Los habitualmente así llamados lenguajes gráficos refieren, justamente, a los modos de representación de la imagen, los cuales establecen también particulares relaciones con su carácter de abstractas o no abstractas. La elección del lenguaje, entonces, no será ni arbitraria ni casual sino que estará en relación directa con el objetivo comunicacional del sistema, en tanto,

Todas las imágenes del mundo son el resultado de una manipulación, de un esfuerzo voluntario en el que interviene la mano del hombre (incluso cuando esta sea un artefacto mecánico). Solo los teólogos sueñan con imágenes que no hayan sido producidas por la mano del hombre —las imágenes aquiropoyetas[5] de la tradición bizantina, las *ymagine denudari* de Meister Eckhart. La

---

[5] *Acheiropoieta* (griego bizantino: χειροποίητα, «hecho sin mano»; singular *acheiropoieton*) —también llamados Iconos hechos sin mano (y variantes)— Son iconos cristianos que tienen su origen en un acto milagroso no creado por el hombre. Invariablemente éstas son imágenes de Jesús o la Virgen María.

cuestión es, más bien, cómo determinar, cada vez, en cada imagen, qué es lo que la mano ha hecho exactamente, cómo lo ha hecho y para qué, con qué propósito tuvo lugar la manipulación. (Didi-Huberman, 2013: 13)

La selección del criterio de lenguaje gráfico de las imágenes surge de analizar, dimensionar y definir qué aportan, en el plano del significado, sus diferentes modos de representación. Fotografía, ilustración, síntesis gráfica y expresión plástica aportan a la argumentación visual diferentes significados aun cuando se utilicen para representar un mismo significante. Un círculo trazado con instrumental de precisión no dice lo mismo que uno trazado con pincel. Cada uno aporta otras palabras al discurso, y estas son palabras de las que se vale el Diseño Gráfico para construir sus argumentaciones. Textos, colores y modos de organización aportan otros modos de decir que completan el discurso, pero las imágenes por su potencia comunicacional, adquieren un rol protagónico.

Los diferentes modos de representación de la imagen se relacionan, aunque no de forma determinante ni excluyente, con su carácter de figurativo-no figurativo, abstracto-no abstracto. La fotografía y la ilustración suelen ser utilizadas con mayor frecuencia en las producciones de Diseño Gráfico para representar imágenes figurativas, dejando sin explorar las alternativas de no figuración que estos dos modos no invalidan. La síntesis gráfica, por su voluntad de sintetizar descartando en la representación aquello innecesario o superfluo, suele utilizarse para bucear en lo universal y general de los conceptos a los que da forma, aún que se trate de representaciones figurativas como en el caso de los pictogramas.

Las expresiones plásticas, por otra parte, han sido utilizadas históricamente en una infinidad de obras de arte realizadas por artistas cada uno con su particular relación con la imagen. Podría realizarse un estudio de la relación entre la expresión plástica elegida en cada caso y la palabra buscada, suponiendo que tal relación existiera. En el caso particular de las piezas de Diseño Gráfico, el uso de las expresiones artísticas tiene más que ver con los significados emergentes de la técnica utilizada y los atributos que ésta proyecta sobre la imagen representada.

Cada modo de representación o lenguaje podría ser objeto de un extenso análisis, tanto en relación con su aporte a la construcción de significados como en su dimensión técnica. Sin llegar a tales profundidades, sobrevolar sus particularidades puede aportar a la comprensión de su complejidad. Aún a riesgo de omitir alguno, vale la pena considerar los más relevantes y ya mencionados: fotografía, ilustración, síntesis gráfica y expresión plástica.

■ **SÍNTESIS GRÁFICA:** los diferentes criterios de síntesis, en su diversidad, posibilitan asignar diferentes significados a un mismo significante. Todos comparten el objetivo de despojar aquello representado de todo lo superfluo, de aquello que interfiere con el significado que se quiere comunicar.

El maestro Frenhofer, en *La obra de arte desconocida* de Honoré de Balzac nos recuerda que la misión del arte no es copiar la naturaleza, sino expresarla y que el artista no es un simple copista, sino un poeta. Este ser poeta no demanda por la originalidad absoluta en tanto nada surge de la nada tal como anota Parménides, sino por un hacerse cargo de la posibilidad de construir lo nuevo a partir de lo ya existente, una nueva mirada, una nueva forma, una nueva palabra. Para ello es necesario poner en juego el pensamiento *noético* el cual, según define Platón es un pensamiento intuitivo de captación intelectual inmediata de una realidad inteligible. Este acto poético que comienza con un trazo es el primer gesto proyectual. Ya sea arrastrando un lápiz sobre un papel o un mouse sobre un mousepad, con esa primera marca se inicia un proceso de construcción que tiene la posibilidad de culminar en una nueva forma, en un trazo, entonces, está el inicio y en todo inicio, como nos dice Heidegger, está el final. Habrá un trazo final, aquel que dará por concluída la imagen y que traerá consigo la memoria de aquel trazo inicial y de todo aquello con lo que cada artista carga sus trazos.

La Forma es, en sus figuras, lo que es para nosotros: un medio para comunicar ideas, sensaciones; una vasta poesía. Toda figura es un mundo, un retrato cuyo modelo ha aparecido en una visión sublime, teñido de luz, señalado con una voz interior, desnudado por un dedo celeste que ha descubierto, en el pasado de toda una vida, las fuentes de la expresión. (BALZAC, 1832)

La síntesis gráfica posibilita a través de la selección de lo necesario y el descarte de lo superfluo potenciar el significado, al operar sobre la forma y así, optimizar el significante. Dependerá de cuál sea el objetivo de este proceso la elección del criterio de síntesis más adecuado, ya que de cada uno de ellos, como ya se ha mencionado, se infiere o construye un significado diferente al significante. Así, lo geométrico o lo gestual, la línea o el plano serán utilizados por el diseñador para, volviendo a Balzac, comunicar sus ideas.

■ **LA ILUSTRACIÓN:** La inabarcable diversidad de modos de ilustrar radica, al igual que en todas las expresiones artísticas, en la profunda relación que existe entre ilustración e ilustrador. En el acto de ilustrar, el ilustrador se vale de trazos, manchas, colores, texturas que en su articulación entre sí le permiten hacer visibles, a los ojos de

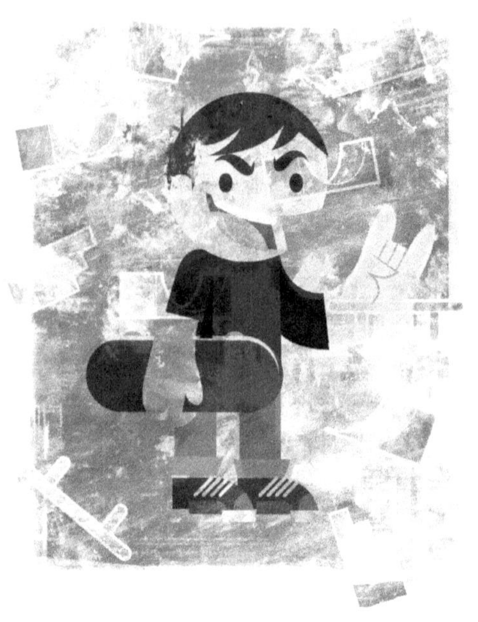

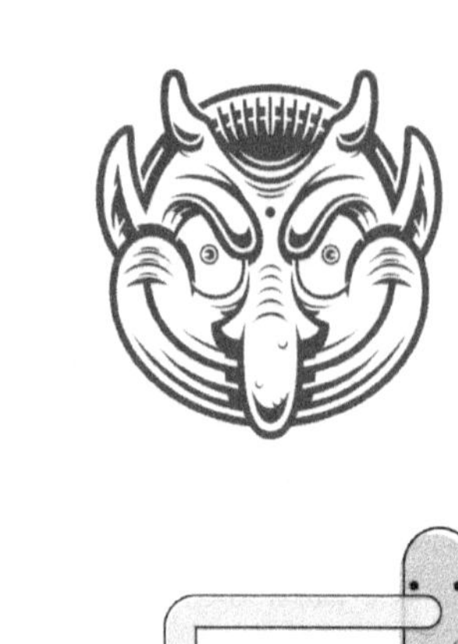

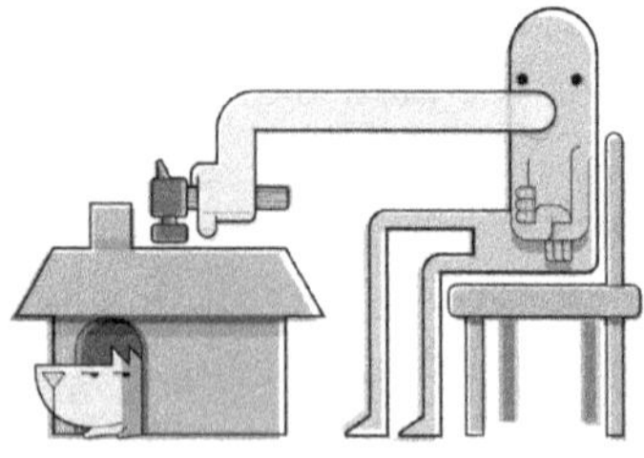

19, 20, 21.

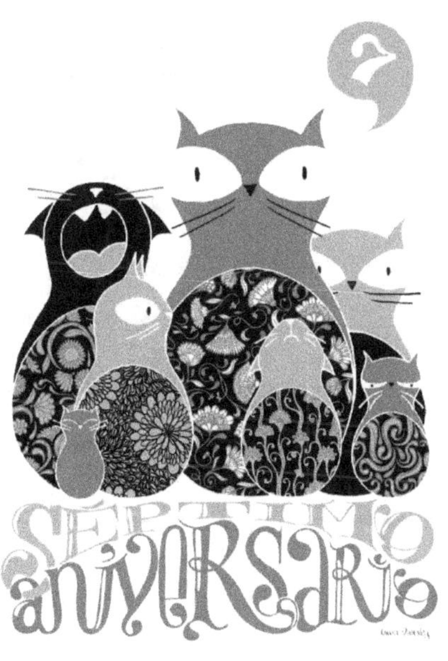

7
SEPTIMO
aniversario

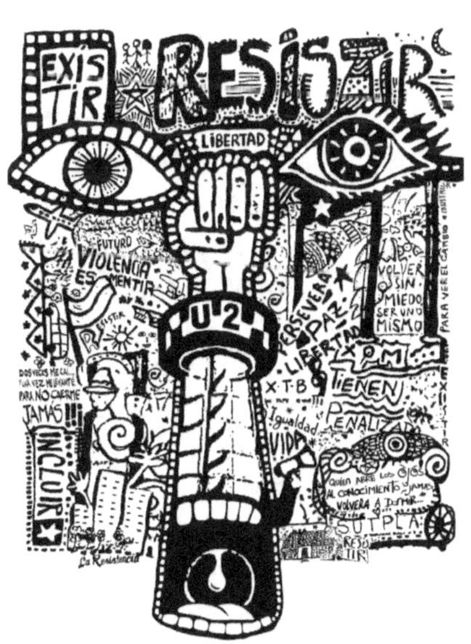

EXIS TIR
RESISTIR
LIBERTAD
FUTURO
VIOLENCIA ES MENTIR
RESISTIR
VOLVER SIN MIEDO SER UNO MISMO
PERSEVERA
PAZ
LIBERTAD
PARA VER EL CAMBIO
U2
PM
DOS VECES ME CAI UNA VEZ ME LEVANTE PARA NO CAERME JAMAS!!!
X TB
TIENEN
Igualdad
PENALIZAR
INCLUIR
VIDA
QUIEN ABRE LOS OJOS AL CONOCIMIENTO JAMAS VOLVERA A DORMIR
SI PLA
RESISTIR
La Resistencia

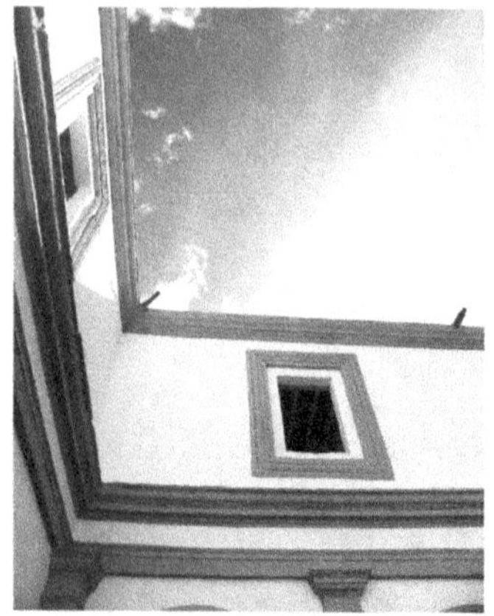 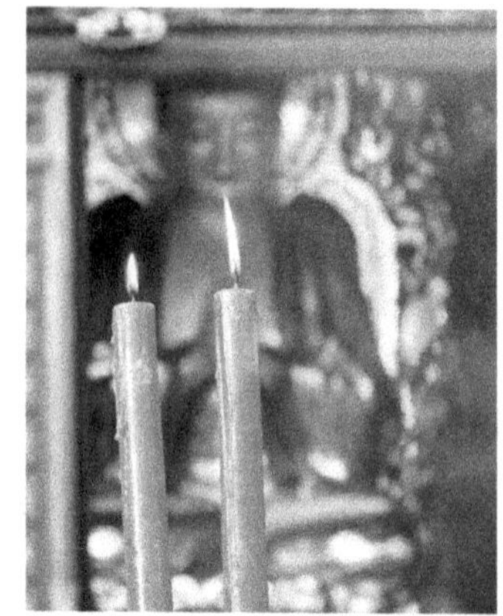

24, 25.

otros, aquellas formas que se insinúan en su interioridad y terminan de construirse al ser externalizadas. Estas formas no existen a priori y son, siguiendo a Platón, copiadas por el ilustrador sino que este las trae al mundo desde allí donde no hay nada. Este hacer se inicia con un trazo que tiene algo de gesto primigenio, de búsqueda intuitiva que no busca encontrar aquello preexistente sino hacer la forma, construir aquello que aún no ha sido hecho, y con ello decir lo aún no dicho. Este acto creativo, *poiético*, es definido por Platón en su obra *El banquete* como «la causa que convierte cualquier cosa que consideremos de no-ser a ser».

■ **LA FOTOGRAFÍA:** François Soulages, en su *Estética de la fotografía*, refiere como en sus inicios la fotografía fue tomada como una herramienta y considerada como un medio neutro que posibilitaba el registro de fenómenos

74

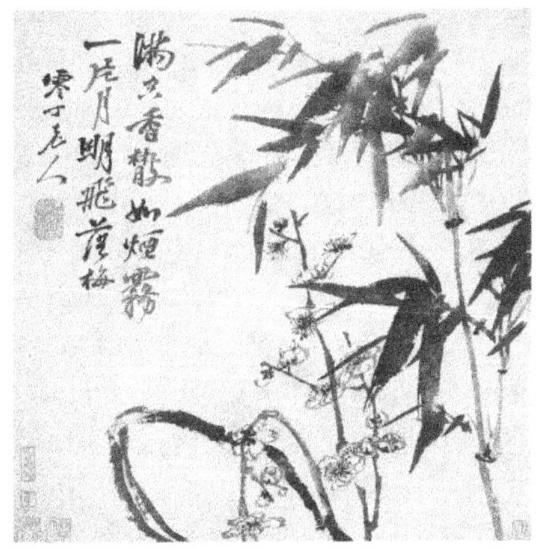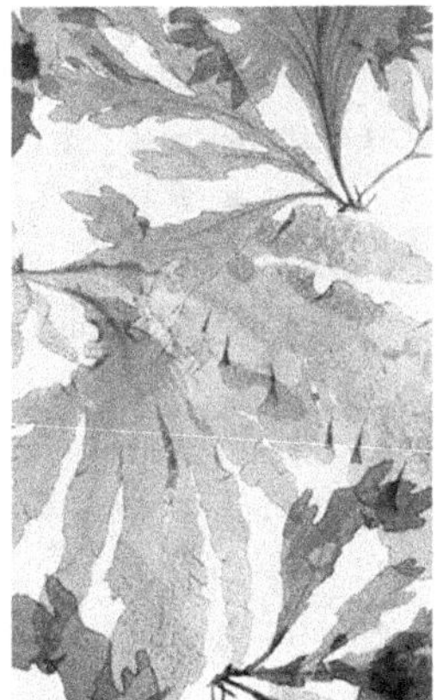

26, 27.

visuales. Hoy, cuando se utiliza la fotografía como modo de representación, suele cometerse el mismo error olvidando que "Una foto no es una prueba, sino una huella a la vez del objeto por fotografiar, que es incognoscible e infotografiable, del sujeto que fotografía, que también es incognoscible, y del material fotográfico; por tanto es la articulación de dos enigmas, el del objeto y ol del sujeto." (SOULAGES, 2005: 342), y que, justamente esta posibilidad de la fotografía de enfrentarnos con lo real que menciona el autor es la que, retomando a Didi-Huberman permite manipularla para convertirla en palabra en el marco de una argumentación visual intencionada.

■ **EXPRESIÓN PLÁSTICA:** Los modos de representación utilizados tradicionalmente por las llamadas artes plásticas son también utilizados en el Diseño Gráfico. Así, materiales como las acuarelas, los pasteles, los lápices de

75

color, etcétera, y técnicas como el collage o la serigrafía son otro recurso expresivo al que apelan los diseñadores.

Alrededor del año 1000 surge en China una práctica de pintura desarrollada por pintores no profesionales, en particular por calígrafos, que recurren a una técnica de pincelada similar a la utilizada para trazar caligrafía. Los trazos propios de la escritura china realizada con pinceles y tinta se organizan en estas pinturas para construir formas orgánicas, particularmente plantas y flores. Uno de sus más ilustres referentes Su Dongpo,[6] pintor y poeta, refiere a esta potencia expresiva al decir:

> Mis bambúes no tiene secciones, ¿qué hay de extraño en ello? Son bambúes nacidos en mi corazón, y no de esos que los ojos tan sólo miran desde afuera. (CHENG, 2004: 29)

Forma y contenido no existen independientes uno de otro. Esto significa que cada modo de representación de la forma dice algo que solo puede ser dicho con esa particular expresión. Siguiendo a Heidegger, podríamos pensar en el valor de lo visible y tangible en una pieza de diseño, en lo «cósico» de la obra que es lo que permite hacer visible la dimensión simbólica de la imagen.

> La obra de arte es en verdad una cosa confeccionada, pero dice algo otro de lo que es la mera cosa. La obra hace conocer abiertamente lo otro, revela lo otro; es alegoría. (1992: 41)

La elección de un modo de representación, entonces, es determinante de la argumentación simbolizante que hace visible.

---

[6] Su Dongpo (1036-1101) Nació en Mei Shan de la provincia de Sichuan. Fue uno de los grandes escritores chinos e importante pintor y calígrafo.

Colores

¡Esto no se toca! Aquello no engorda. Este libro debe ser aterrador y aquel muy triste. ¡Qué mantel más alegre pero qué tapizado más antiguo!, etcétera, etcétera... Cuántos de estos juicios se relacionan, en buena medida, con el color de los objetos, diseñados o no. El color en su presencia y en su ausencia caracteriza fuertemente la forma y en el campo de la comunicación visual adquiere un rol protagonista.

Los colores no son algo anodino, todo lo contrario. Transmiten códigos, tabúes y prejuicios a los que obedecemos sin ser conscientes de ello, poseen sentidos diversos que ejercen una profunda influencia en nuestro entorno, nuestras actitudes y comportamientos, nuestro lenguaje y nuestro imaginario. (Pastoreau, Simonnet, 2006: 11)

Para pensar en el color como un componente más del sistema debemos poder abstraerlo de las formas que este caracteriza y entender que éste es independiente de aquellas y puede ser utilizado como un elemento más para la construcción de discursos gráficos.

La presencia del color puede detectarse en todas las piezas gráficas, aún en aquellas que se caracterizan por su ausencia o por un restringido uso de éste. Un logotipo por ejemplo, expresión de mínima utilización de elementos del sistema, necesita de tipografía y color para constituirse. En piezas de mayor complejidad, el color puede llegar a constituirse como estructurante de la organización y posibilitador de la lectura además de aportar un fuerte valor simbólico. Pero al igual que sucede con la tipografía, el color en sí mismo ya constituye un sistema en el que sus tres dimensiones: tinte, valor y saturación se relacionan entre sí y con el contexto. Los cambios en estas relaciones impactan en la totalidad del sistema produciendo una cuasi infinita diversidad de variables.

Existe una gran cantidad de estudios teóricos sobre el color como elemento así como sobre las interacciones del color que dan cuenta de la complejidad del tema. Por otra parte, la antigüedad de muchos de estos trabajos, entre los que se cuenta el *Traité des couleurs servant à la peinture à l'eaude* A. Boogert[7] publicado en 1692 y La teoría de los colores de Johann Wolfgang Goethe escrita en 1808 para la Duquesa Doña Luisa regente de Sajonia-Weimar y Eisernach. Son un indicio del valor asignado al color en el campo de las producciones artísticas y la necesidad de sistematizar su uso para posibilitar su comprensión y apropiación. Los diferentes modelos de organización[8] de los colores desarrollados desde el siglo XVII son sólo un pequeño ejemplo de esta voluntad centenaria.

El color de una pieza gráfica es uno de los elementos de más alta pregnancia y que más influye en su carácter junto con el lenguaje de la o las imágenes. La elección cromática define fuertemente el carácter de un sistema independientemente de la complejidad y variedad del sistema cromático utilizado. La clave cromática[9] de una pieza gráfica es la que puede aportar a la construcción de significado. En algunos casos, como en la señalética o señalización y los envases para productos alimenticios, las codificaciones preexistentes aportan su

---

[7] <http://www.buendiario.com/una-guia-de-colores-271-anos-mas-antigua-que-pantone/>.

[8] Entre ellos, el círculo cromático y sus variantes es el que mayor difusión ha tenido hasta la actualidad.

[9] La palabra *clave* se utiliza para denominar combinaciones de valores y contrastes que predominan en una composición. Esta combinación es la que con mayor pregnancia define su carácter gráfico.

significado a las piezas gráficas y de este modo, al reproducirlo, participan en la consolidación de dicho código. En otros, la utilización de colores no convencionales puede aportar innovaciones al campo del diseño, como por ejemplo multiplicidad propuestas realizadas en los últimos tiempos para productos alimenticios.

En los dos proyectos que se presentan a continuación es posible observar cómo el color, en sus diferentes dimensiones (tinte, valor y saturación) aporta a la definición del carácter gráfico del sistema. En el proyecto desarrollado para CIPPEC los tintes desaturados de valor alto otorgan claridad al conjunto de piezas gráficas, a la vez que posibilitan la definición de los niveles de lectura por contraste necesarios para la correcta legibilidad de textos y gráficos.

En el sistema para *El desembarco*, la utilización de un color desaturado en forma desigual para el fondo aporta al clima más espontáneo y plástico de las diferentes piezas a la vez que el uso del par complementario rojo-verde aporta dinamismo cromático al conjunto. La combinación de estos tres tintes define fuertemente el carácter cromático del proyecto.

Campos

Al detenerse en una esquina neurálgica de cualquier centro urbano y mirar alrededor, es posible ver una multiplicidad de anuncios desplegarse ante la vista. Afiches de vía pública ubicados en soportes diseñados para ellos como parte del equipamiento urbano, otros pegados en vallas de obra o paredes, en postes de alumbrado, en medianeras de edificios de propiedad horizontal y aún más ubicados en estructuras colocadas sobre estos edificios. Todos ellos responden a una misma tipología, tienen un similar impacto visual y síntesis en la cantidad de imágenes

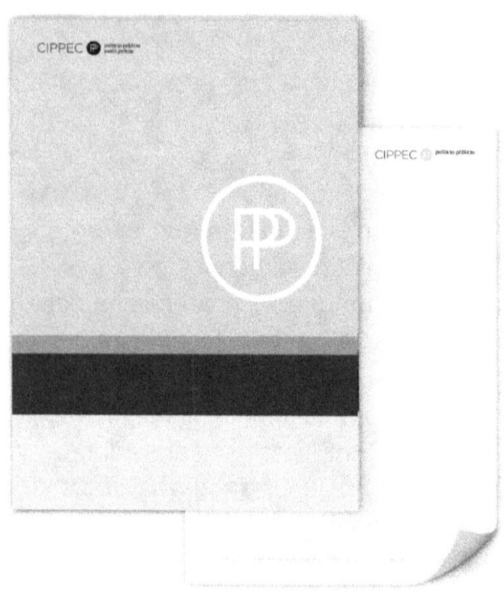

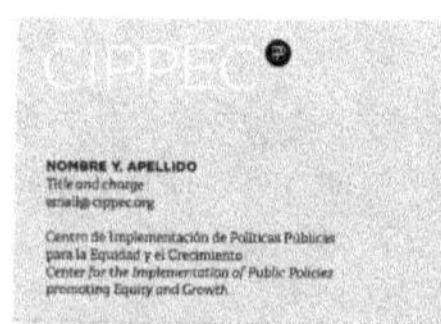
CIPPEC
NOMBRE Y. APELLIDO
Title and charge
email@cippec.org
Centro de Implementación de Políticas Públicas
para la Equidad y el Crecimiento
Center for the Implementation of Public Policies
promoting Equity and Growth

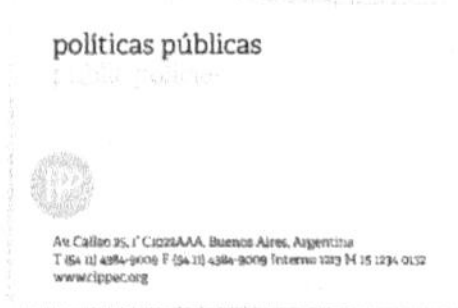
políticas públicas
Av. Callao 25, 1° C1022AAA, Buenos Aires, Argentina
T (54 11) 4384-9009 F (54 11) 4384-9009 Interno 1213 M 15 1234 0132
www.cippec.org

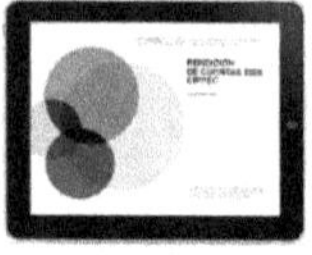

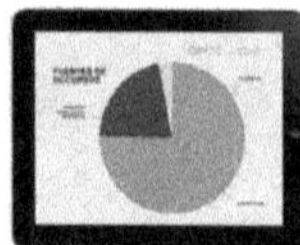

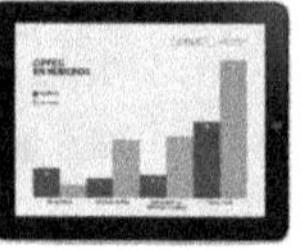

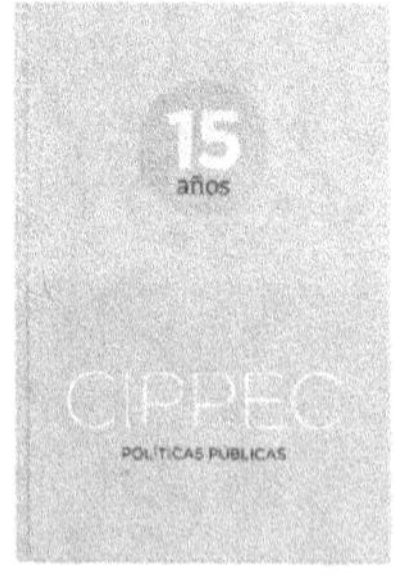
15
años
CIPPEC
POLÍTICAS PÚBLICAS

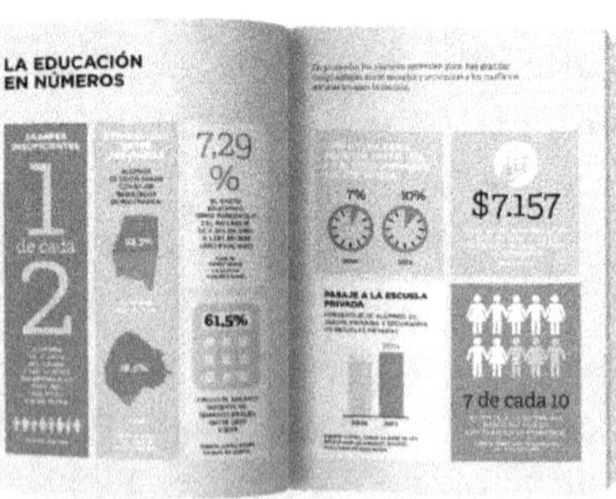
LA EDUCACIÓN
EN NÚMEROS
7,29
%
61,5%
$7.157
PASAJE A LA ESCUELA
PRIVADA
7 de cada 10

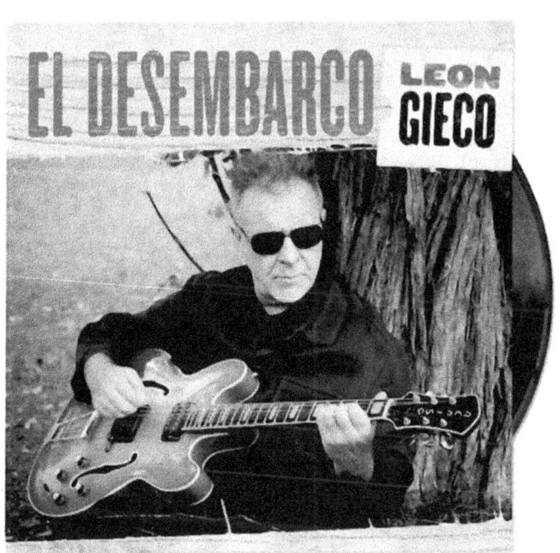

EL DESEMBARCO
LEON GIECO

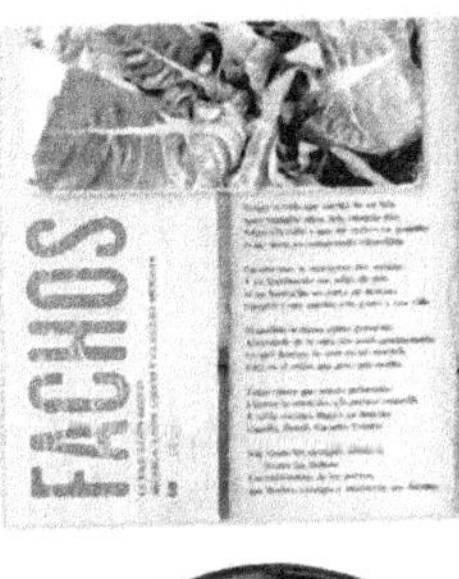

FACHOS

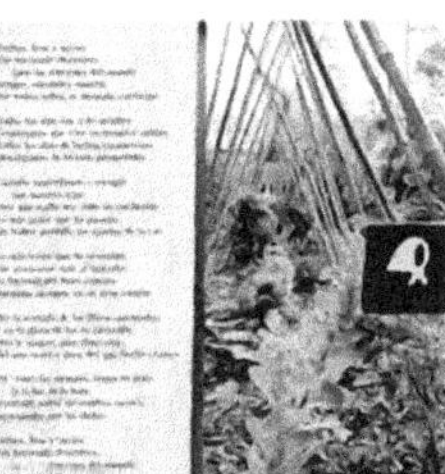

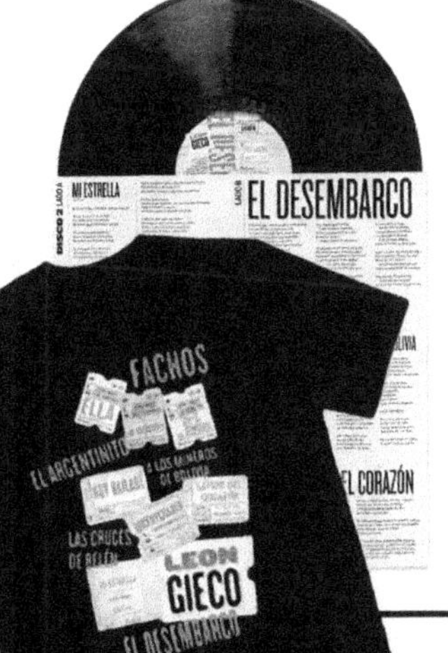

MI ESTRELLA
EL DESEMBARCO
FACHOS
EL ARGENTINITO
LOS RUMEROS DE BELEN
EL CORAZON
LAS CRUCES DE BELÉN
LEON GIECO
EL DESEMBARCO

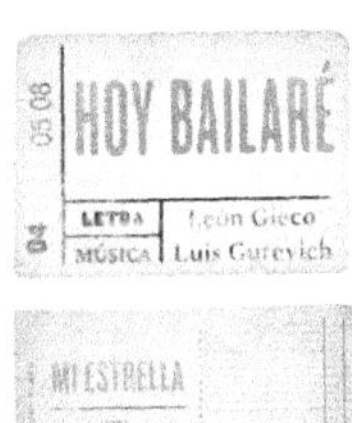

05 08
HOY BAILARÉ
LETRA   León Gieco
MÚSICA   Luis Gurevich
04

MI ESTRELLA
LEON GIECO
IVAN LINS
06:53

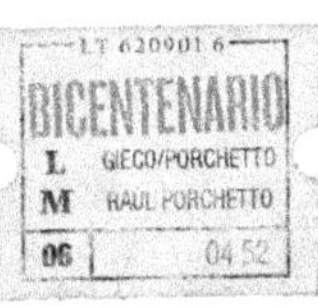

LT 620901 6
BICENTENARIO
L   GIECO/PORCHETTO
M   RAUL PORCHETTO
06   04 52

El color de una
pieza gráfica
es uno de
los elementos
de más
alta pregnancia y
que más influye
en su carácter
junto con el
lenguaje de la
o las imágenes.

y textos, sin embargo algo los diferencia, ese algo es el campo. Escalas y proporciones diversas cambian la forma que las mismas piezas gráficas adquieren, los elementos gráficos que constituyen cada una se organizan y relacionan de forma diferente según el formato y escala del campo que los contiene.

Cuanto mayor es la complejidad del campo mayor será la relación de textos e imágenes con él, con el objetivo de lograr una unidad en la que los tres elementos se articulan y dialogan al punto de tornar inmodificable el vínculo que los aúna.

Los formatos y materialidades de los objetos de diseño se han ido complejizando a medida que se ha ido extendiendo el campo de las competencias disciplinares, llegando hasta la inmaterialidad de los actuales diseños para soporte digital. Puede parecer obvio mencionar que estos cambios han conllevado también cambios en los campos compositivos. Al momento de diseñar, el campo suele aparecer como un a priori ya establecido según los cánones de la tipología de que se trate. Sin embargo el considerar al campo como un elemento más del sistema posibilita dar a la superficie en la que se articularán textos e imágenes un rol en la argumentación visual que trasciende el de mero soporte de la gráfica.

Es verdad que en muchos objetos de diseño la definición de las propiedades del campo están determinadas por los escenarios de intervención, sin embargo, en muchos otros éstas son parte de las elecciones que hace el diseñador al momento de proyectar y en esa instancia, el campo, constituye un elemento más del sistema.

Organizaciones

Dos series de afiches, en ambos se han utilizado el mismo tipo de imágenes, geométricas por lo general,

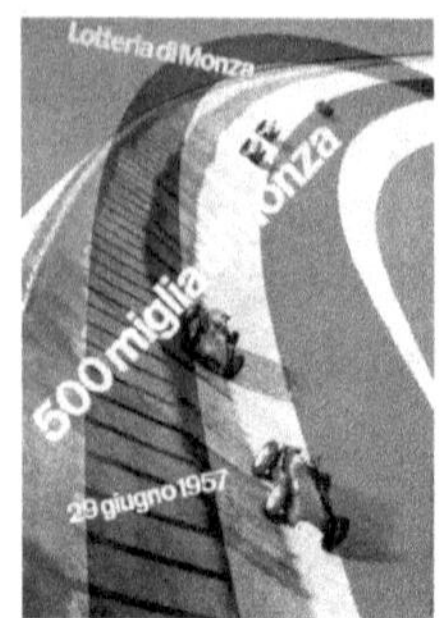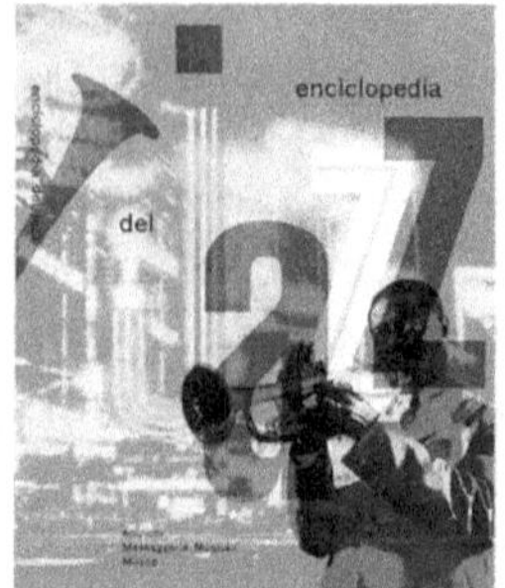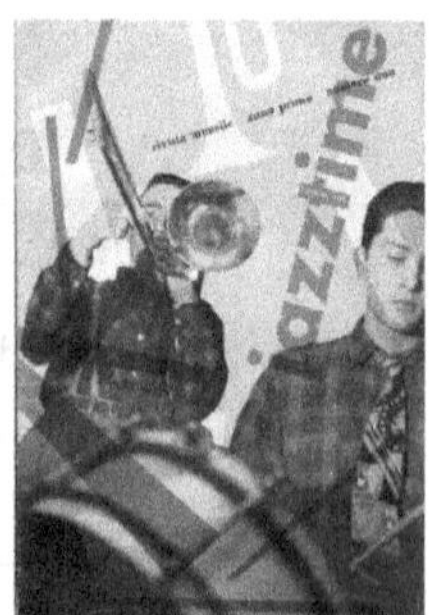

30, 31, 32.

similares fuentes tipográficas, claves cromáticas similares también. Sin embargo en el primero, de Max Huber,[10] los elementos interactúan fuertemente entre sí, se superponen, saturan el campo y los colores se transparentan. En el segundo, de Josef Müller-Brockmann,[11] los elementos parecen estar subordinados a un orden inflexible, casi no se relacionan entre sí, salvo por esos hilos invisibles que aquel orden ha tendido en el campo, los colores apenas intervienen.

El proceso de composición es el paso más importante en la resolución del problema visual. Los resultados de las decisiones compositivas marcan el propósito y el significado de

---

[10] Max Huber (1919-92). Figura influyente del siglo XX en el Diseño Gráfico suizo. Nacido en Baar, Suiza en 1919. Graduado de la Kunstgewerbeschule de Zurich. Durante su formación se vinculó con Wernwr Bischof, Josef Müller-Brockmann, Carlo Vivarelli y Hans Falk.

[11] Josef Müller-Brockmann (1914-96). Diseñador gráfico y profesor universitario de origen suizo. Fue docente de la Hochschule für Gestaltung de Ulm en Alemania y uno de los impulsores, junto con Armin Hoffmann, de la llamada Escuela Germano Suiza.

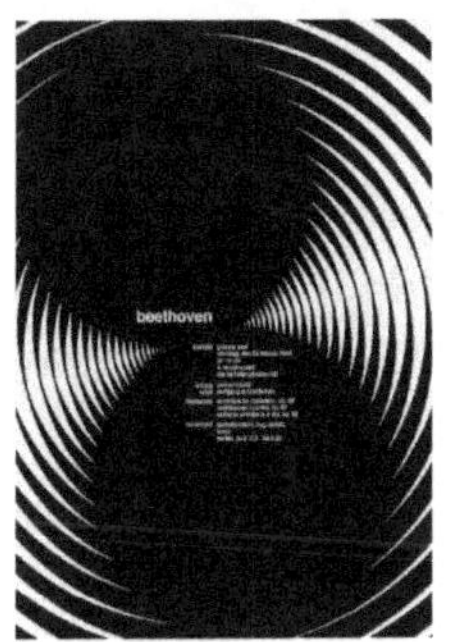 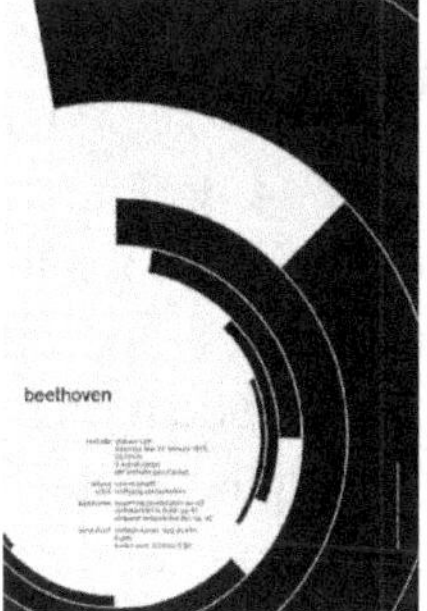 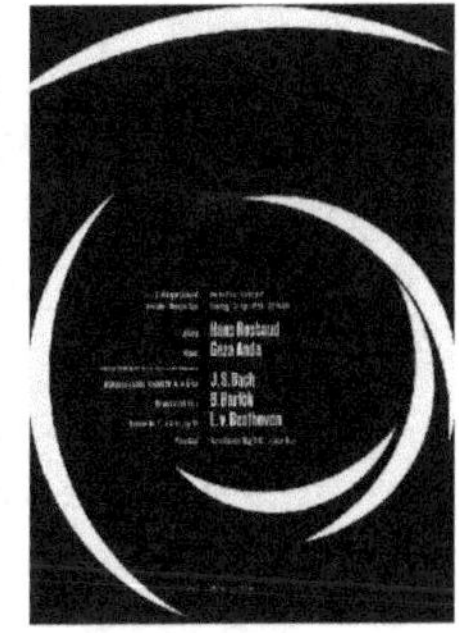

33, 34, 35.

la declaración visual y tiene fuertes implicaciones sobre lo que recibe el espectador. En esta etapa vital del proceso creativo, es donde el comunicador visual ejerce el control más fuerte sobre su trabajo y donde tiene la mayor oportunidad para expresar el estado de ánimo total que se quiere transmitir a la obra. (DONDIS, 1985: 33)

El término componer se utiliza, en el campo del Diseño, con el denotado que asignamos a la palabra, es decir, «formar de varias cosas una, juntándolas y colocándolas con cierto modo y orden».[12] Según las particularidades de aquello a diseñar, textos e imágenes se componen en un campo para constituir, por su interacción, una pieza gráfica. Pero el componer no es sólo el organizar ni menos aún el meramente juntar. El componer, en el campo del Diseño Gráfico es parte de la estrategia comunicacional. Su objetivo es definir prioridades, es guiar la mirada, es tomar de la mano al lector y llevarlo a recorrer un afiche, un diario, un libro.

---

[12] <http://dle.rae.es/?id=A28RNZ3. Recuperado el 8/02/16>.

Los modos de componer son tantos y tan particulares como compositores se dediquen a ello sin embargo sería posible, de manera muy sucinta, referir algunos criterios de uso habitual en el campo del Diseño Gráfico sin por ello desconocer la existencia de múltiples alternativas.

Volviendo a los ejemplos antes mencionados, Max Huber utiliza para componer tanto las estructuras propias del campo[13] como las de las imágenes que utiliza. Esta interacción de estructuras genera composiciones complejas de un fuerte dinamismo y un aparente caos pero con un riguroso orden subyacente. Josef Müller-Brockmann, en cambio, subordina la organización de los elementos a las estructuras del campo compositivo y hace coincidir con ellas a las de las imágenes que utiliza, logrando así una composición contundentemente ordenada. Pese a las diferencias analizadas, ambos diseñadores utilizan estructuras definidas a priori para organizar sus composiciones.

Según la definición de la Real Academia Española, estructura, entre otras acepciones, es: la disposición o modo de estar relacionadas las distintas partes de un conjunto. En tanto disposición, toda estructura se relaciona con un orden. Este orden se carga de significados en su interacción con aquello que ordena, con el contexto de lectura y con las particularidades del lector. Se agradecen el orden y la estructura del texto de un prospecto medicinal, pero el mismo orden puede o no ser deseable en un afiche para una obra de teatro. Hay estructuras que sugieren lo ordenado, lo previsible, lo planificado como la estructura ortogonal, que al apoyarse en los ejes horizontal

---

[13] En los campos compositivos de forma geométrica, las líneas estructurales de estas formas tienen un rol central al momento de componer ya que los elementos ubicados en dichos campos se ven perceptivamente traccionados hacia ellas.

y vertical coincidentes con el horizonte y con nuestra columna vertebral percibimos como estable y predecible. Hay estructuras más complejas, casi imperceptibles que se definen por superposición de planos más que por elementos estructurantes; estructuras con fuertes puntos de convergencia que atraen la atención hacia algún sector en particular de la pieza gráfica. Todas ellas se definen a priori y organizan la disposición de imágenes y textos en el campo compositivo, estableciendo un diálogo formal con éste y generando una interacción, sin subordinarse, con su estructura.

Una imagen fuerte, por tamaño o significado puede ser determinante de la organización de los otros elementos del campo y será, entonces, su estructura la que ordene la pieza gráfica.

La composición del campo gráfico participa en aquello que pretendemos decir y, al ordenar, posibilita a este mensaje articular su voz. No es posible hablar de caos ordenadamente ni de orden caóticamente. Hay que tener mucho orden para poder hablar sobre el caos, no así al revés. Y hay que poder sostener el orden, el cual lejos de ser simple y vacío, es aquello que permite enfrentar el caos apelando a límites y restricciones. La estructura de un discurso es parte constituyente de este, de igual modo la composición es parte constituyente de la pieza gráfica. La hace ser aquello que es, en términos de forma.

Sobre el componer así como sobre el color, las imágenes y la tipografía podrían escribirse infinidad de palabras. Sin embargo, las hasta aquí escritas ya permiten comprender el rol de cada uno de estos elementos en un sistema gráfico. Un sistema compuesto de otros sistemas que aportan cada uno su particular complejidad y riqueza al repertorio de los recursos con los que se diseñan las piezas gráficas.

La composición
del campo
gráfico participa
en aquello que
pretendemos
decir y,
al ordenar,
posibilita a este
mensaje
articular su voz.

Sobre constantes y variables

Un sistema opera con elementos que se vinculan de un modo particular y estas relaciones, en su particularidad, los caracterizan. En los sistemas gráficos, las constantes y variables de aplicación de los recursos componentes del sistema son las que permiten resolver las múltiples complejidades implícitas en las diversidades tipológicas.

La determinación de constantes y variables de aplicación, cuando se desarrolla un proyecto de diseño, está fuertemente condicionada por los objetivos comunicacionales de las múltiples piezas. Es necesario como parte de las decisiones constitutivas del sistema, establecer un criterio sobre cuál recurso gráfico o criterio de aplicación se mantendrá constante y cual variable.

Todos los elementos del sistema, así como sus atributos, pueden ser tanto constantes como variables. Así, el modo de representación puede ser variable en algunas imágenes de las utilizadas en las diferentes piezas, o pueden serlo en todas las imágenes. El color, puode no ser necesariamente el mismo en todas las piezas e ir variando en cada aplicación, en tanto las proporciones de colores se vayan modificando dentro de los márgenes previstos en el sistema cromático propuesto. Todos estos son componentes sobre los cuales es posible operar para definir constantes y variables.

También habrá que determinar constantes y variables en relación a los elementos y su articulación entre sí y con el campo. En la práctica concreta, al resolver un sistema complejo, las piezas involucran distintas escalas, formatos, proporciones, lo cual requiriere de ir tomando decisión sobre cómo se compone en esa superficie, de manera tal de producir un discurso que sea visualmente coherente.

En relación a los criterios de ocupación de campo, éstos se definirán en función aquello que se quiere contar y de cómo quiere presentarse la argumentación visual. La definición de fondo y figura, su claridad o ambigüedad; la interacción entre imágenes e imágenes y fondo; la organización de elementos en el campo según estructuras definidas a priori, son sólo algunos de los criterios sobre los que habrá que establecer su condición de constancia o variabilidad.

Los roles de los elementos, como por ejemplo la imagen como primer nivel de lectura con la tipografía fuertemente subordinada, la tipografía casi como protagonista con una imagen que aparece de fondo en un segundo o tercer nivel de lectura, al igual que todas las demás decisiones involucradas en la propuesta, dependerán de los objetivos comunicacionales, del recorte conceptual, de las especificidades tipológicas y necesidades funcionales.

Las constantes y variables no se resuelven con lógicas matemáticas ni son determinables absolutamente a priori, sino que son, como ya se dijo, parte del proceso de construcción del sistema gráfico.

Cuánto es posible variar y cuánto debe mantenerse constante, para que todo el conjunto de piezas que componen el sistema siga entendiéndose como unidad, es central al momento de proponer las interacciones hacia dentro del sistema gráfico. Para ello deberá lograrse el equilibrio entre constantes y variables, sin desvirtuar la unidad del sistema total. Ir ajustando ese calibre, es lo que va a permitir desarrollar la totalidad de la propuesta con potencia expresiva.

Constante y repetición, comparten sinónimos es decir que en alguno de sus significados son términos equiparables, otro tanto sucede con variable y diferencia. Esta similitud permite pensar a las constantes y variables enunciadas, desde la perspectiva de los conceptos desarrollados por Deleuze. Ambas son necesarias e interdependientes, una no es posible sin la otra. Lo constante se percibe en tanto existe lo variable, la dinámica del sistema está intrínsecamente ligada a esta relación. Un sistema cuyas piezas se resuelven utilizando siempre los mismos elementos, relacionados del mismo modo no puede dar respuesta ni a las especificidades argumentativas ni a las particularidades de las diferentes tipologías involucradas. Por otro lado, aquel resuelto utilizando variables para todos sus elementos y criterios de interacción carecería de identidad en tanto esta se sostiene desde las constantes y se nutre de las variables para no repetirse a sí misma en un círculo estéril. En esta relación paradójica de mutua dependencia se funda la potencia gráfica y comunicacional de todo sistema.

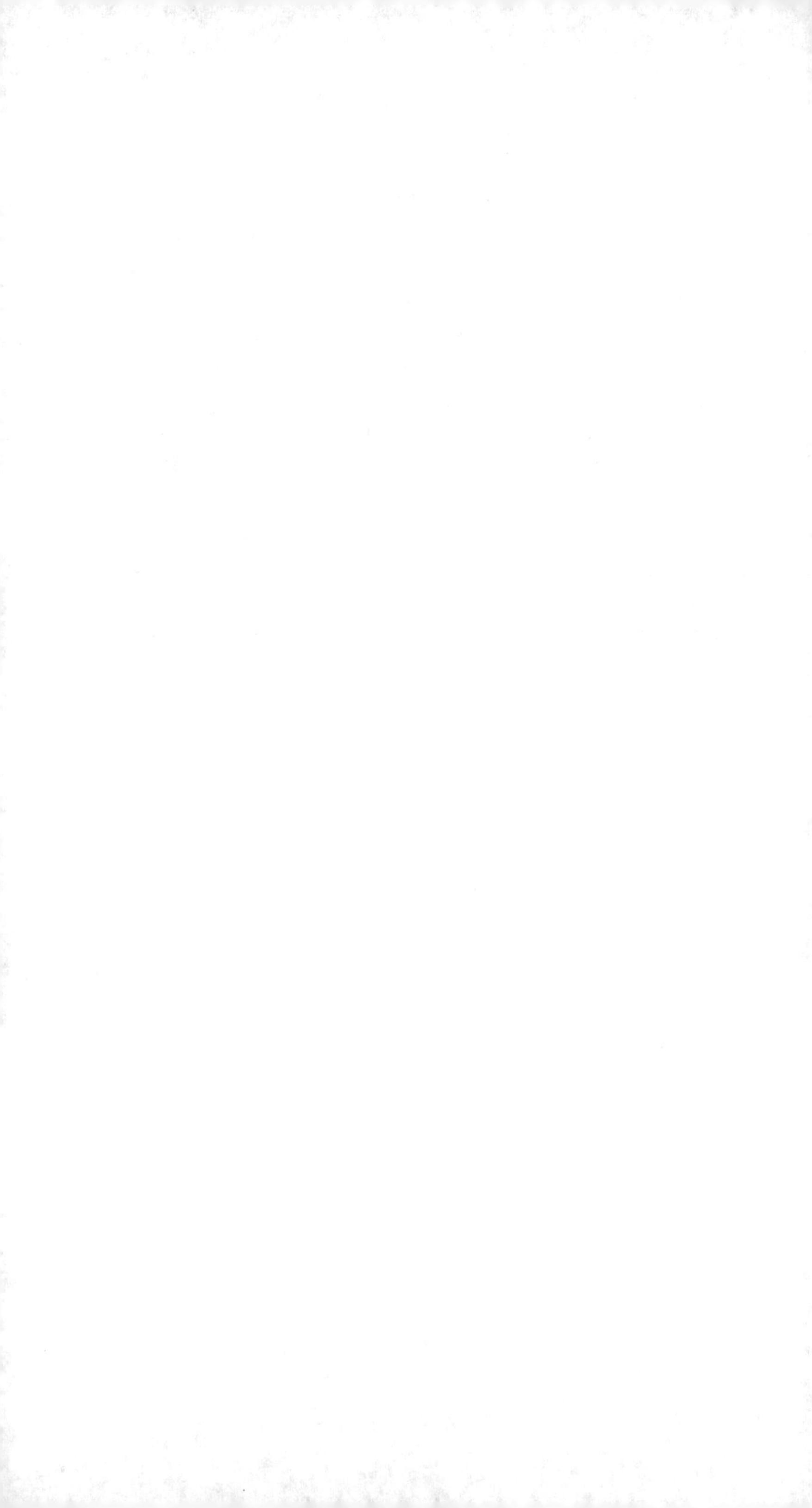

Seis

El diseño de sistemas

Diseñar sistemas hace necesario pensar en conjuntos de piezas gráficas que poseen cierta relación entre sí pero conservan, cada una, su propia especificidad. Esta definición incluye diversas tipologías de sistemas, proyectados para dar respuesta a múltiples problemas de comunicación.

Para proyectar estos sistemas de piezas gráficas desde la concepción sistémica, antes enunciada, es necesario definir las características de los elementos que constituirán el sistema gráfico que se utilizará para diseñar cada pieza. Este sistema gráfico será, entonces, producto de un proceso decisional. Este funcionará como una suerte de tamiz por el que pasarán los diferentes recursos gráficos, con el objetivo de seleccionar aquellos que en su particularidad y en su interacción den mejor respuesta a los objetivos planteados en la instancia de planificación de la estrategia comunicacional.

Pero, ¿qué fundamenta la elección?, ¿qué define el tamiz? En otra instancia se ha enunciado que, una de las especificidades del Diseño Gráfico es dar respuesta, en términos de forma visual, a necesidades de comunicación. Estas pueden ser explicitadas claramente por quien demanda de dicha respuesta, o estar implícitas en prácticas cuya necesidad del Diseño no surge a primera instancia. Sin embargo, ya sea que se opere con un problema

El grado de simplicidad o complejidad del sistema va a determinar la cantidad y diversidad de recursos gráficos, superficies de aplicación, relaciones entre elementos y entre estos y el campo.

de comunicación preexistente o que el problema sea detectado y construido por el diseñador, éste deberá definir el objetivo comunicacional, las tipologías a diseñar y los contextos de intervención. A estos condicionantes se sumarán particularidades vinculadas a determinantes culturales y personales, ya que cada diseñador interpreta las argumentaciones implicadas en la comunicación de modo particular y subjetivo, lo que participará en la definición de la forma visual particular de dar respuesta.

Los sistemas gráficos adquieren diferentes particularidades según la necesidad particular a la que deben resolver. Así, es posible encontrar sistemas gráficos pensados para dar respuesta a objetivos de altísima complejidad y proyectos de escalas amplias y ambiciosas, y sistemas pensados para darla a objetivos simples con proyectos de escalas reducidas. Lejos de suponer una valoración de estos diferentes sistemas, el ajuste de su complejidad a la del problema a resolver, potencia su eficacia. La falta de correlación, entre el grado de complejidad del sistema y el problema al que dará respuesta, puede ser contraproducente. Evitar la sobreabundancia tanto de recursos gráficos como de piezas, es determinante al momento de desarrollar un proyecto de diseño que sea eficaz.

Considerando sus diferentes complejidades y sin realizar una nueva taxonomía esclerotizante sino con el objetivo de comprender sus lógicas de acción, es posible definirlos como: sistemas simples, de baja complejidad o cerrados, y sistemas complejos, de alta complejidad o abiertos.

Sistemas simples, de baja complejidad o cerrados

Edgard Morin, en su texto *Introducción al pensamiento complejo*, retomando la teoría de Bertalanffy, define un sistema cerrado, como una piedra o una mesa, como aquel que está en estado de equilibrio. Es decir, cuyos intercambios de materia y energía con el exterior son nulos.

Del mismo modo, un sistema gráfico cerrado se mantiene en equilibro tanto por la acotada diversidad de elementos gráficos que lo componen como por el predomino de constantes en sus interacciones. El ejemplo extremo de un sistema de estas propiedades es la serie.

La condición de equilibro no es sólo atributo del sistema gráfico debido a que existe una correlación entre la respuesta gráfica y las características del problema de comunicación al que da respuesta. Por lo general, estos sistemas se utilizan para necesidades acotadas como sistemas de identidad reducidos en escala y complejidad, publicaciones únicas o sistemas de signos para aplicación limitada. El sistema de indicadores gráficos de identidad para un local barrial o la señalética para una clínica médica de baja complejidad, son un ejemplo de estos sistemas que tienen escasa o nula respuesta a los cambios en el contexto tanto de nivel comunicacional como cultural. Son, en cierta medida efímeros en tanto al producirse modificaciones significativas que los vuelvan obsoletos o ineficaces se renuevan completamente.

El grado de simplicidad o complejidad del sistema va a determinar la cantidad y diversidad de imágenes, fuentes tipográficas, colores, superficies de aplicación, relaciones entre los elementos y las relaciones de estos elementos con el campo. Así, un sistema simple, de baja complejidad o cerrado, se compondrá de poca diversidad de elementos, limitadas variables de interacción y pocas alternativas de aplicación.

La elección tipográfica recae, generalmente en una única familia tipográfica y utiliza imágenes, con un único lenguaje o modo de representación. El sistema cromático también es acotado, definido por pocos tintes y una clave cromática única. También los criterios compositivos suelen incluir escasas variables más allá de las demandadas por las tipologías incluidas.

Sin embargo, la constancia de elementos, los repertorios de imágenes, recursos tipográficos, cromáticos y compositivos limitados, no significa que las piezas se resuelvan todas de igual modo, en tanto es necesario considerar para cada resolución los formatos, las escalas y la complejidad formal y tipológica particular.

Son sistemas que suelen estar poco exigidos en términos de apertura, sólo pueden resolver problemáticas acotadas. Estos sistemas se caracterizan por tener un repertorio limitado de tipologías. Estas condiciones no son ni positivas ni negativas en sí mismas, en tanto dependen de otras condicionantes ya moncionadas.

Sistemas complejos, de alta complejidad o abiertos

Nuevamente Morin, en el texto antes mencionado, explica al sistema abierto remitiendo a su definición inicial, la cual es originalmente, una noción termodinámica. Estos son sistemas cuya existencia y estructura dependen de una alimentación exterior y, en el caso de los sistemas vivientes, no solamente material-energética, sino también organizacional-informacional.

Se trata de sistemas que importan y procesan elementos como energía, materia e información de sus ambientes, característica propia de todos los sistemas vivos.

Que un sistema sea abierto significa que establece intercambios permanentes con su medio, intercambios que determinan su equilibrio, capacidad reproductiva o continuidad, es decir, su viabilidad.

Para Morin, dos consecuencias capitales se desprenden de la idea de sistema abierto: la primera es que las leyes de organización de lo viviente no son de equilibrio; sino de desequilibrio, retomado o compensado, de dinamismo estabilizado. La segunda consecuencia, quizá más importante aún, es que la inteligibilidad del sistema debe encontrarse no solamente en el sistema mismo, sino también en su relación con el ambiente, y esa relación no es una simple dependencia, sino que es constitutiva del sistema.

Del mismo modo, los sistemas gráficos abiertos o complejos, al dar respuesta a problemas de comunicación también abiertos y complejos, incluyen una mayor heterogeneidad de elementos. Este tipo de problemas, se caracterizan por su tendencia a la inestabilidad e impredictibilidad debido a su envergadura. La incorporación de nuevos escenarios de intervención, los cambios en las estrategias de comunicación, la inclusión de nuevos perfiles de usuarios, son sólo algunos de los cambios a los que un sistema gráfico abierto debe poder dar respuesta. Esta tendencia, en el marco de la teoría de sistemas, se denomina entropía: tendencia natural a la pérdida de orden.

Esta propención a la entropía se mantiene equilibrada cuando el sistema se relaciona con otros subsistemas produciendo así entropía negativa o neguentropía que supone una resistencia que se sustenta en los subsistemas asociados que le posibilitan reequilibrar el sistema entrópico dinámico, a diferencia del sistema cerrado, en el cual el proceso entrópico no puede detenerse por sí mismo. En el caso particular de los sistemas gráficos, los subsistemas de los que puede nutrirse un sistema abierto para mantenerse estable son aquellos que lo componen.

Entonces, un sistema abierto necesitará para poder mantener adecuadamente baja su entropía una multiplicidad de imágenes, tipografías, colores y superficies de aplicación, es decir apelar a la complejidad de los subsistemas que lo componen. Todos estos recursos deberán ser convergentes con la idea, fundamentación conceptual, de la propuesta que se quiere desarrollar. También habrá alternancia en las variables de aplicación, porque será necesario resolver una mayor diversidad de tipologías, escalas, contextos de intervención y objetivos comunicacionales.

El concepto de sistema suele vincularse casi de manera excluyente a proyectos relacionados con el diseño de indicadores de identidad, sin embargo otras problemáticas de diseño también incluyen la generación de sistemas gráficos para dar respuesta a esa necesidad. Es posible comprender como sistemas complejos a piezas únicas que por sus características comunicacionales y formales implican una multiplicidad de recursos y alternativas de interrelación. Por ejemplo, una pieza editorial compleja, como un diario, puede entenderse como tal en tanto involucra un repertorio de recursos gráficos que deben dar respuesta a diferentes resoluciones editoriales; más aún si incluimos en el problema suplementos y revistas. Otro tanto sucede con un sitio web, el cual incluye un conjunto de instancias-pantallas que deben articular, de modo similar al descripto para un diario, lo general y lo particular sin perder unidad gráfica y conceptual.

En todos estos casos es capital generar un sistema gráfico rico en cuanto a la definición de sus elementos, pero también flexible en cuanto a la utilización de constantes y variables para su aplicación. Como ya se ha mencionado, la necesidad comunicacional y las particularidades que definen el proyecto, determinarán los elementos gráficos que lo van a constituir, y a fundamentar la determinación de las constantes y las variables que se utilizarán para su implementación.

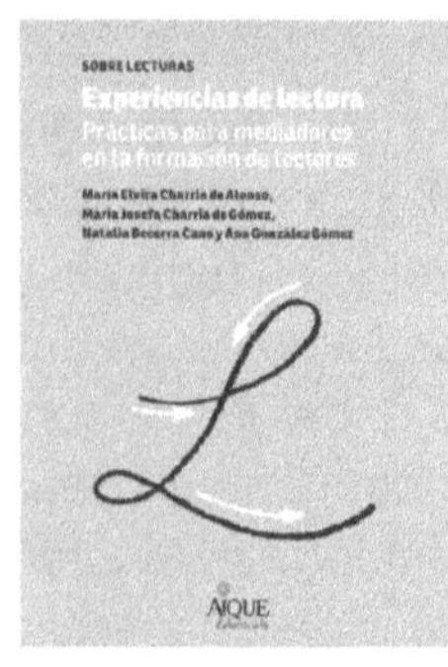 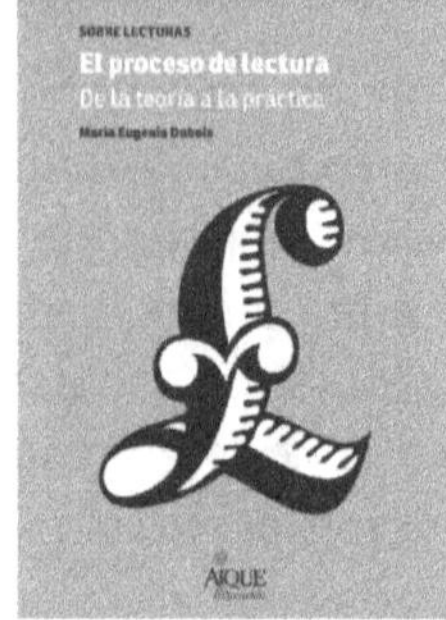 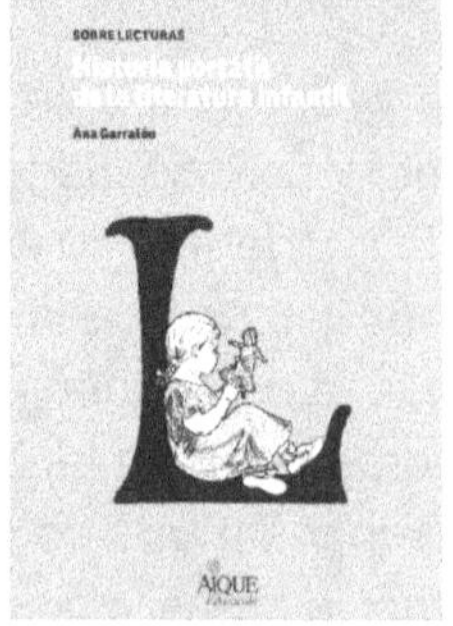

36.

- **DISEÑADOR:** Estudio ZkySky
- **COMITENTE:** Aique Educación
- **CARACTERÍSTICAS DEL SISTEMA:** Estas tres tapas son un claro ejemplo de cómo operan constantes y variables en un sistema cerrado. La imagen elegida como protagonista es el mismo signo aunque en cada tapa su forma es variable, la composición de los elementos en el campo es igual en las cuatro piezas al igual que la definición de niveles de lectura. El color de fondo, por otra parte varía en cada volumen.

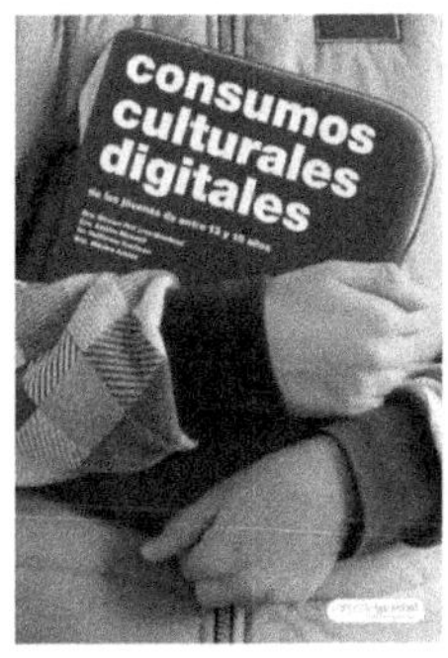

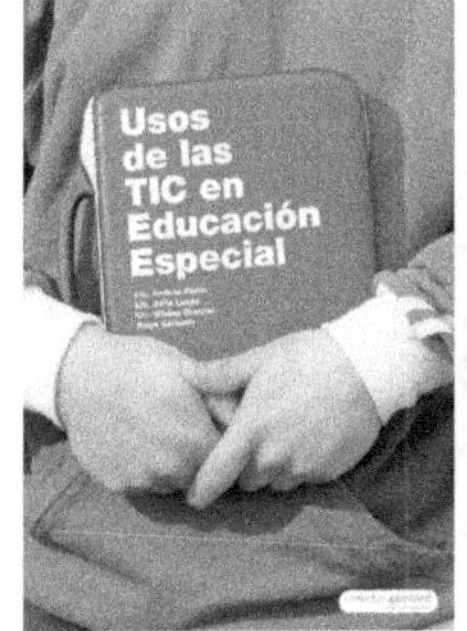

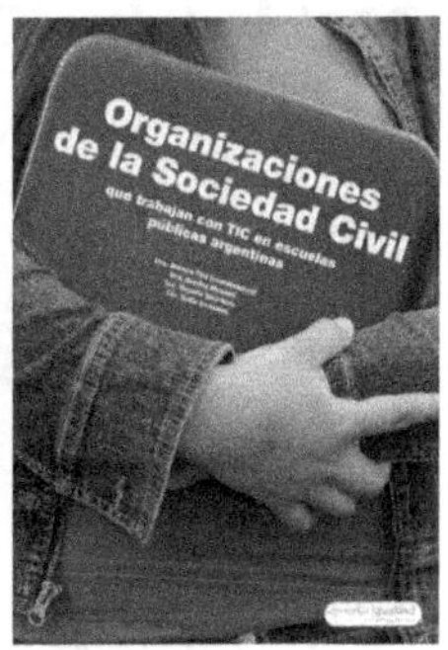

37.

- **DISEÑADOR:** Estudio ZkySky
- **COMITENTE:** Aique Educación
- **CARACTERÍSTICAS DEL SISTEMA:** En este otro ejemplo es posible observar cómo opera un sistema aún más cerrado que el ejemplo anterior, en el que las constantes son casi totales (imagen, criterio tipográfico y ocupación del campo), llegando a conformar una serie, ejemplo por excelencia de los sistemas cerrados.

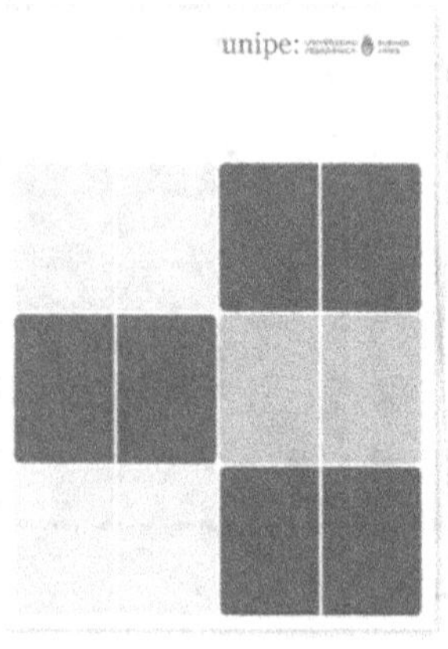

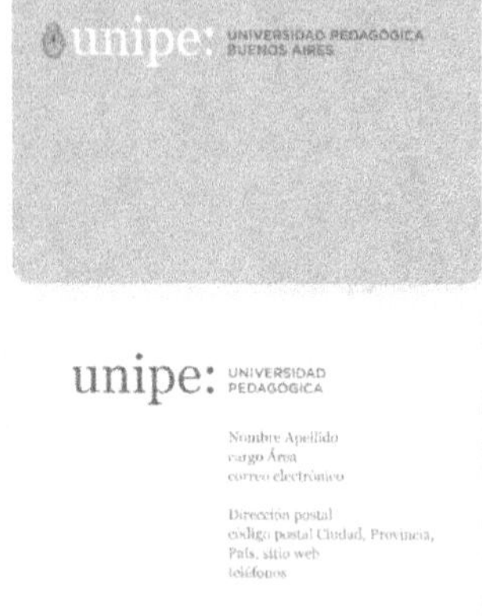

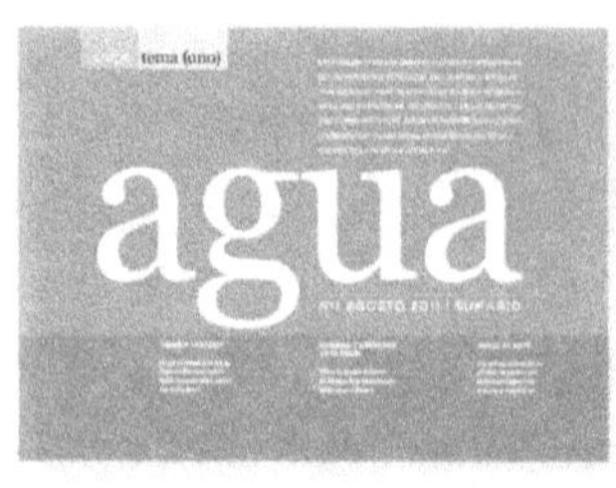

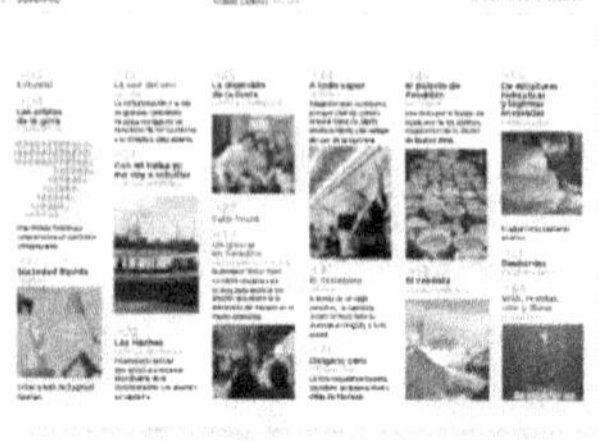

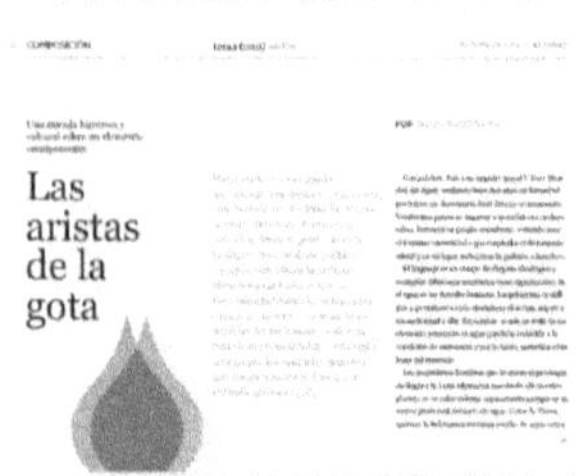

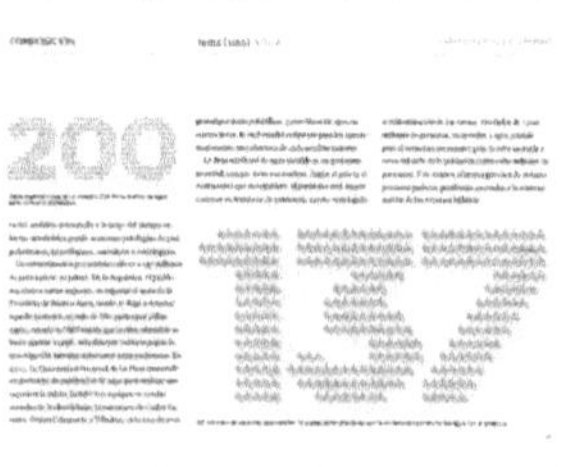

38.

- **DISEÑADOR:** Estudio ZkySky
- **COMITENTE:** unipe: Universidad Pedagógica de Buenos Aires
- **CARACTERÍSTICAS DEL SISTEMA:** En este sistema, la cantidad de variables puestas en juego permiten resolver una diversidad de piezas gráficas sin por ello perder unidad.

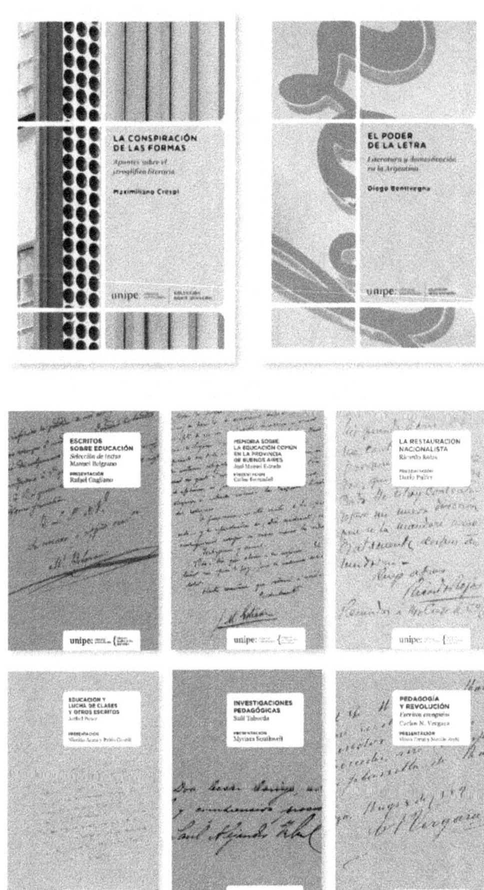

Las familias tipográficas determinadas se aplican con criterios constantes y variables según se trate de piezas institucionales como la papelería o publicaciones. La grilla de organización del campo se hace visible en las primeras piezas y se infiere en las segundas. El color es otro elemento que, en su diversidad, aporta riqueza a la totalidad del sistema.

Siete

Conformar la forma: la punta del iceberg

Una vez precisadas las propiedades del sistema gráfico en relación con su complejidad y flexibilidad, queda aún otro aspecto frente al cual hay que tomar posición. Este nuevo determinante de los recursos gráficos no es un tema menor dentro de la estrategia comunicacional ya que involucra, ni más ni menos, que al vínculo entre forma y contenido.

Hasta este momento, se ha venido analizando los componentes de los sistemas gráficos dando por sentado que éstos siempre son un modo de comunicar aquello que quiere ser dicho y que esos recursos gráficos son los que mayor posibilidad tienen en convertirse en palabra de ese discurso. Así, imágenes, tipografías, colores, campos y modos de organización encarnan, cada uno con sus potencialidades comunicativas, parte de ese discurso. Pero en el universo de objetos gráficos diseñados no todos los sistemas gráficos utilizados tienen una relación tan determinante entre discurso y forma. Una multiplicidad de sistemas gráficos se apoyan, para elaborar sus argumentaciones visuales, en los aspectos morfológicos de sus componentes.

Esto no significa que pensar en una forma carente de contenido —en tanto forma y contenido son mutuamente determinantes—, sino hacerlo en formas cuyos contenidos se relacionan superficial o tangencialmente con los objetivos comunicacionales.

Según desde dónde se construye la relación de los recursos gráficos con la fundamentación conceptual del sistema es posible diferenciar sistemas morfológicos, vinculados de modo superficial y sistemas conceptuales de fuerte vínculo con la idea rectora del proyecto.

Sistemas morfológicos

Recorrer la historia de la disciplina, permite reconocer los diferentes modos en los que se han ido desarrollando los sistemas gráficos, empezando con las primeras y rudimentarias marcas utilizadas por agricultores y artesanos para identificar sus productos en los mercados, pasando por la heráldica que permitía identificar el linaje de los caballeros en sus escudos, indumentaria y estandartes y, llegando al siglo diecinueve, con los primeros logotipos, avisos publicitarios y marquesinas de locales.

Desde las primeras resoluciones rudimentarias y poco sistematizadas, hasta la construcción de programas visuales de rigurosa sistematicidad, los problemas de comunicación que fueron complejizando la práctica impulsaron la propuesta de diferentes modos de dar respuesta. Karl Gerstner (1979) define el diseñar programas como el encontrar un principio configurador de validez universal con un método que permite sistematizar cada problema hasta clarificarlo en todos sus aspectos.

Describir el problema es parte de la solución. Esto implica: no tomar decisiones creativas siguiendo el impulso de los sentidos, sino de acuerdo con criterios intelectuales. Cuanto más precisos y completos son estos criterios, más creativa será la obra. El proceso creativo queda reducido a un acto de selección. Diseñar significa: seleccionar y combinar elementos de determinación. (1979: 15)

Esta metodología fue desarrollada por Gerstner como reacción a propuestas de Diseño que priorizaban la originalidad por sobre la funcionalidad. Es, tal vez, como consecuencia de esta supuesta falta de orden inicial que se impone con tanta potencia la idea de programa visual, dominador en cierta medida, de la escena del Diseño Gráfico durante buena parte del siglo XX y que, aunque atenuada en su presencia, continúa hasta hoy.

Los sistemas morfológicos son, en cierta medida, herederos de ese modo de resolver la complejidad que supone el tener que diseñar conjuntos de piezas gráficas posibles de ser leídos como unidad sin perder particularidad.

Estos sistemas operan generando programas visuales a partir de los elementos constitutivos del sistema gráfico y aplicando las formas obtenidas a través de esta metodología, en las diferentes piezas gráficas que necesitan resolver. A modo de ejemplo de esta concepción, Gerstner propone programas basados en la tipografía, en la estructura del campo y de la forma y en el color.

Cuando el sistema que debe diseñarse es un sistema de baja complejidad o cerrado, este modo de operar puede ser efectivo ya que se caracteriza por un acotado número de imágenes resultantes de la construcción de programas visuales, articuladas en pocas variables de aplicación.

Sistemas conceptuales

Como ya se ha mencionado en otras instancias, los cambios producidos en los modos de habitar tuvieron su correlato en los problemas de comunicación y ambos repercutieron en las producciones de Diseño Gráfico. La necesidad de dar respuesta a estrategias comunicacionales de mayor complejidad y, en contextos dinámicos en los que el cambio es la constante, hace que los sistemas gráficos deban ajustarse a estas nuevas condiciones.

El diseño de sistemas gráficos conceptuales permite desplegar discursos complejos y dinámicos ya que los recursos gráficos con los que se construye tienen un mayor grado de independencia entre sí que en los sistemas morfológicos.

En estos sistemas es posible incluir nuevos elementos, sin que su inclusión implique recalibrar todo el sistema, así como ir ajustando el discurso gráfico a las nuevas demandas o cambios en las estrategias comunicacionales.

Este modo de pensar un sistema requiere de una mayor profundización en la fundamentación conceptual del proyecto. El así llamado partido conceptual es la base de estos sistemas ya que todas las decisiones gráficas deben permitir su inferencia.

Al respecto, Carpintero se pregunta:

¿Qué es un partido conceptual? Un partido existe en tanto construcción: no es la mera constatación o evidencia de un estado de cosas. Los partidos no son objetos que existen y deben ser descubiertos, sino que son realizaciones que vinculan elementos a través de una particular mirada. (2009: 15)

El partido es en cierta manera un mapa conceptual de aquello que usted como diseñador está realizando. El partido le indicará por dónde ir. Y podrá volver a él para verificar si ha perdido el rumbo o se está empantanando.

No construyo un partido con la replicación de un fenómeno, sino a partir de su metaforización (Carpintero 2009).

Del mismo modo, la construcción de un sistema conceptual debe posibilitar su expansión y reelaboración constante.

La diferencia que surge de basar la definición de los elementos que constituirán un sistema en un concepto o en una forma o conjunto de formas, es tanta como la que existe entre concepto y forma. Un concepto puede metaforizarse de diversas maneras y hacerse visible en múltiples imágenes, una forma misma también puede ser metáfora, pero las imágenes con las que opera el Diseño, ya aportan un contenido en tanto uno y otro son inescindibles y eso limita su posibilidad de metaforización.

Tanto sistemas morfológicos como conceptuales conviven hoy en el universo de producciones gráficas, ambos pueden resolver de manera efectiva problemas de comunicación y la determinación de cuál es el más adecuado depende, como ya se ha mencionado antes, de múltiples factores que involucran demandas, objetivos, contextos, escalas y complejidades.

◩ *alto andino*

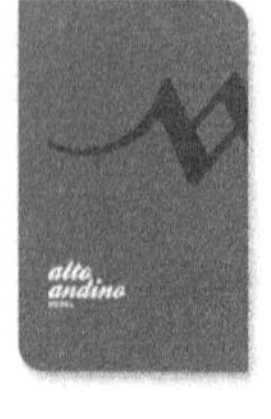

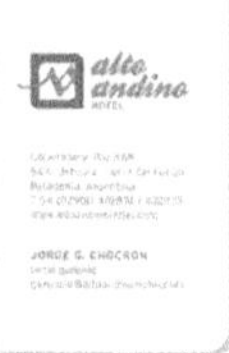

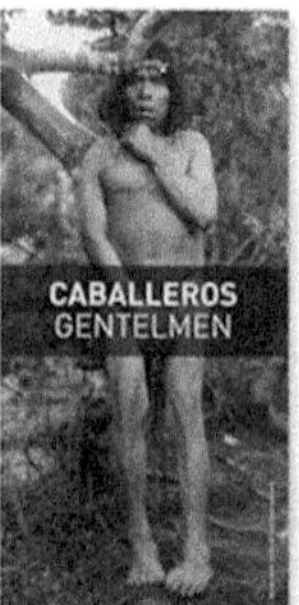

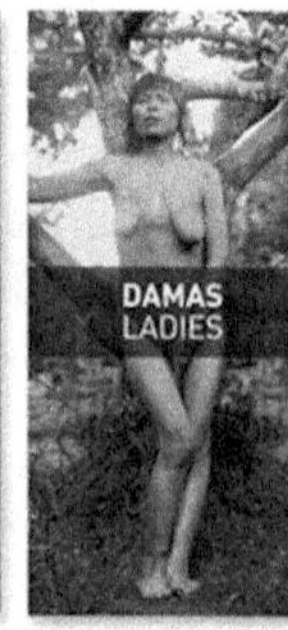

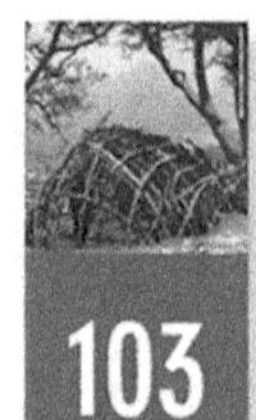

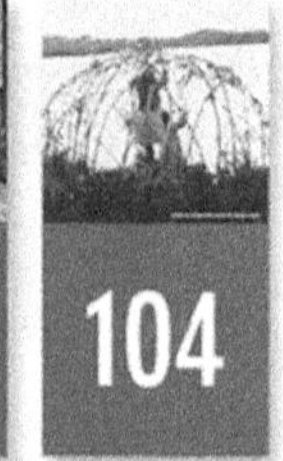

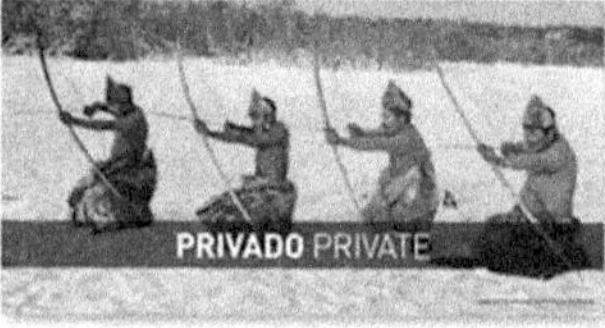

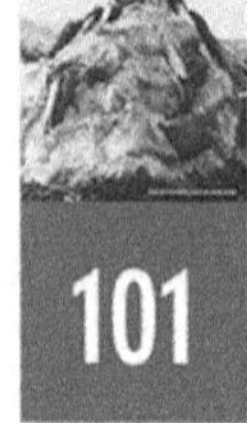

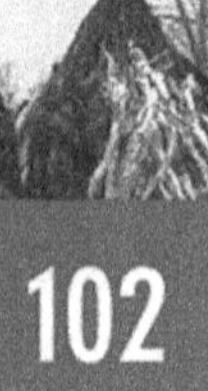

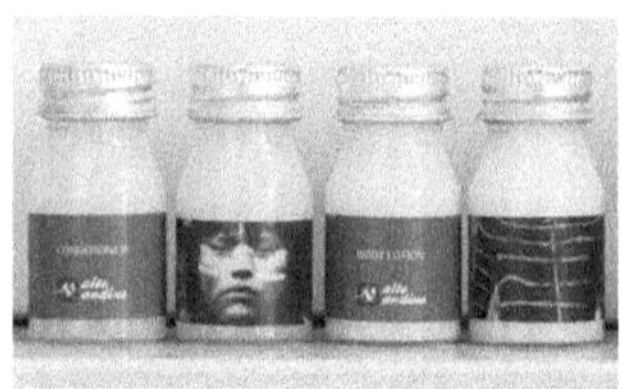

39.

- **DISEÑADOR:** Estudio ZkySky
- **COMITENTE:** Alto Andino
- **CARACTERÍSTICAS DEL SISTEMA:** Esta propuesta se desarrolla a partir de aplicar el módulo generado para el

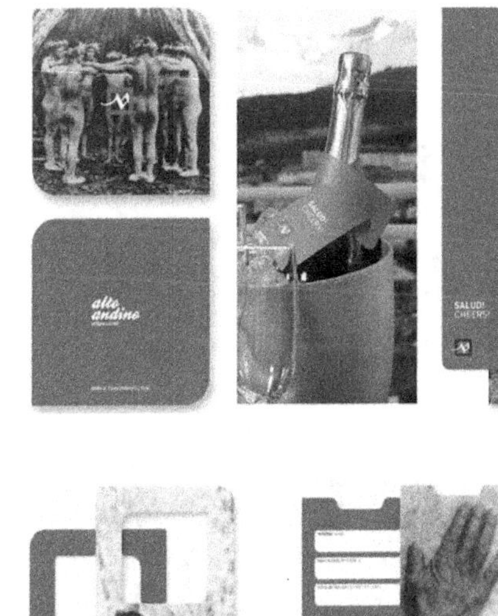

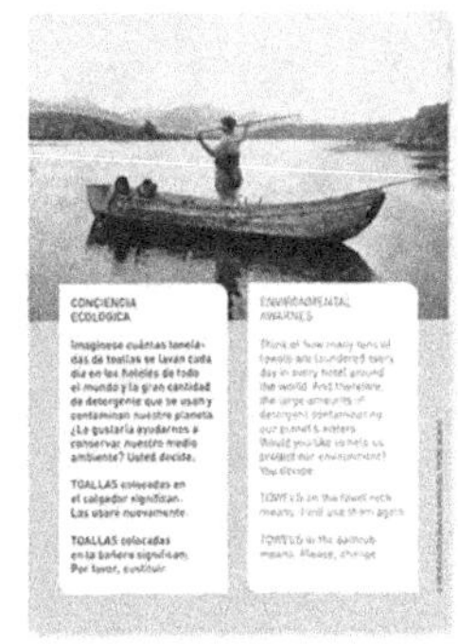

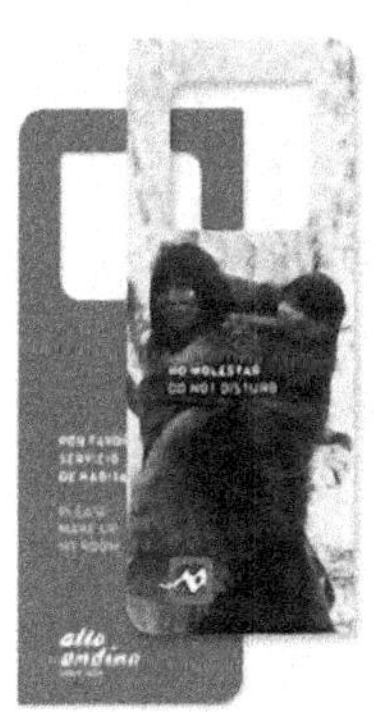

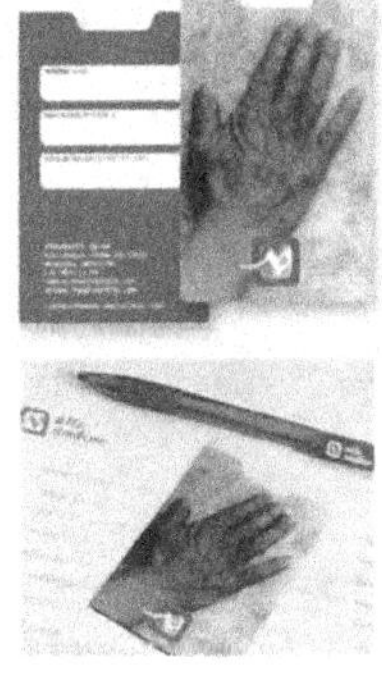

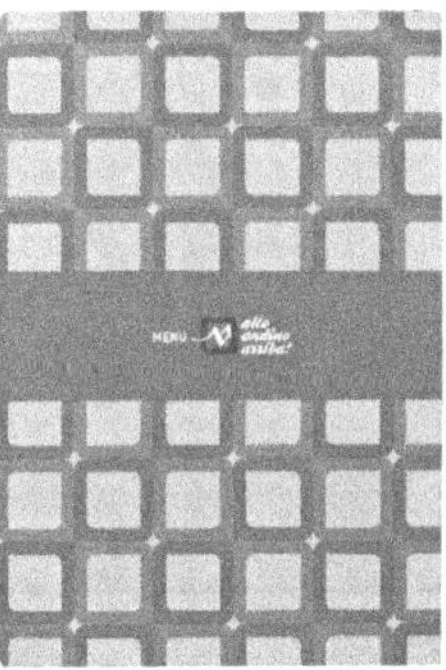

isologotipo que funciona como trama, como marco y como forma de troquel. La acromía de las fotografías y el uso de un único par cromático acentúan el protagonismo de la forma determinante del sistema.

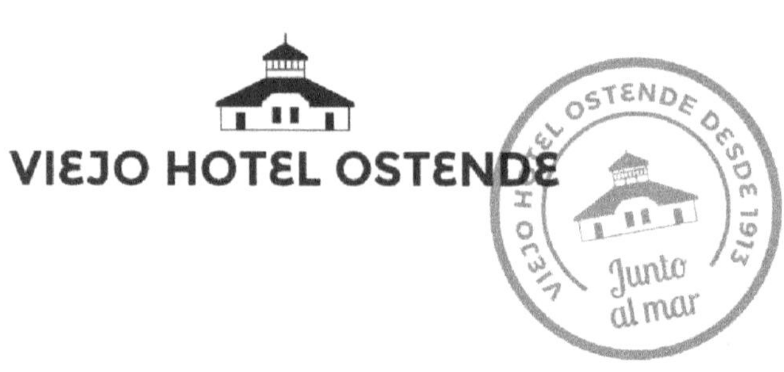

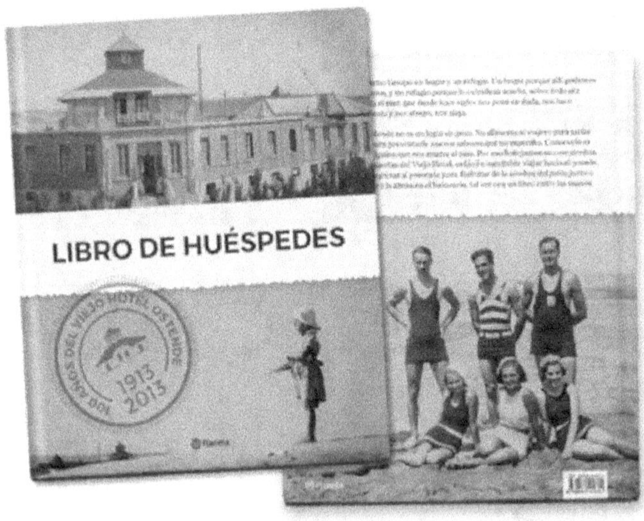

40.

- **DISEÑADOR:** Estudio ZkySky
- **COMITENTE:** Viejo Hotel Ostende
- **CARACTERÍSTICAS DEL SISTEMA:** El sistema diseñado para el Viejo Hotel Ostende debe dar respuesta a la complejidad que implica desarrollar un conjunto de piezas gráficamente diferentes para cada temporada. La idea que subyace en la totalidad de las piezas gráficas es el valor histórico del hotel y su relación con las costumbres locales

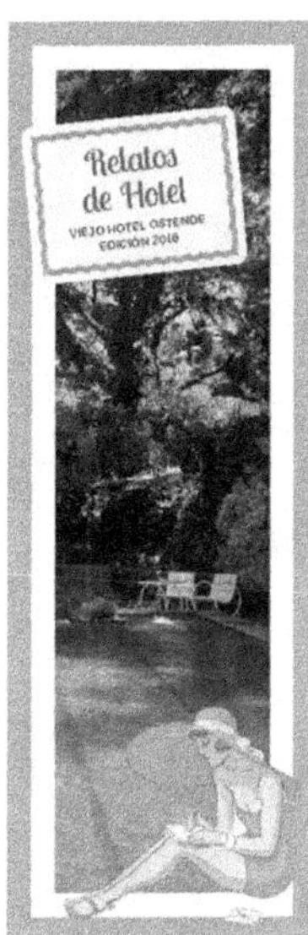

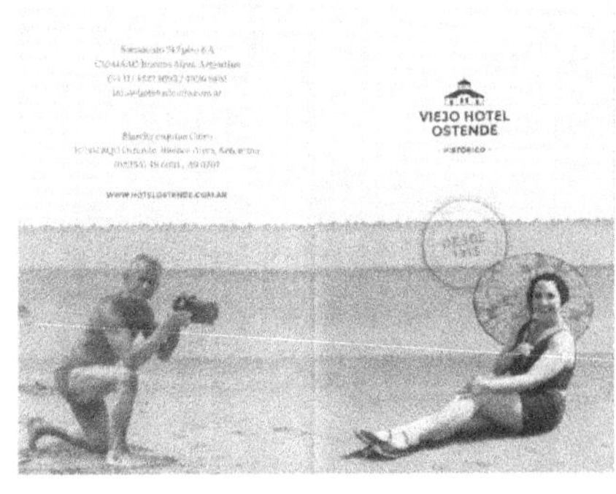

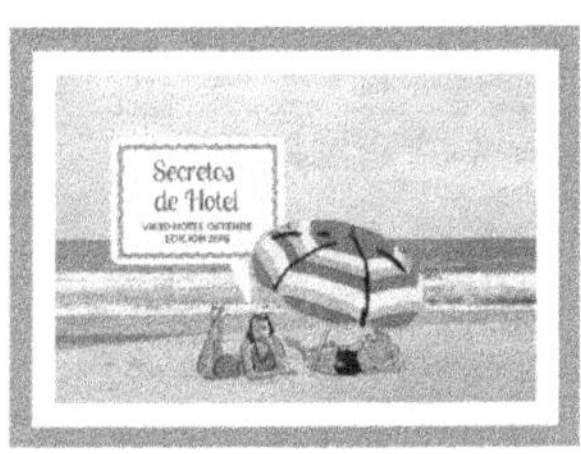

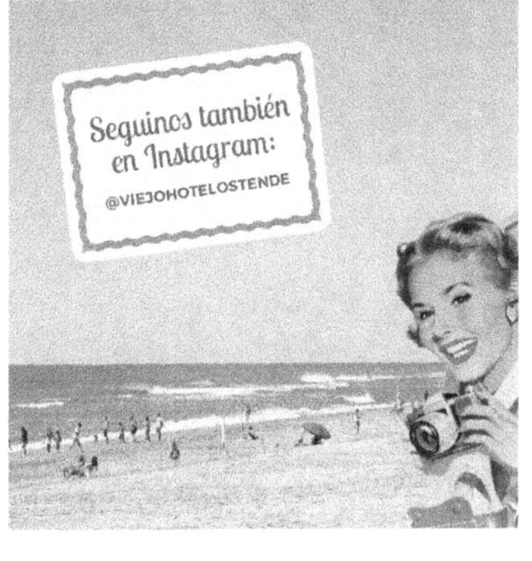

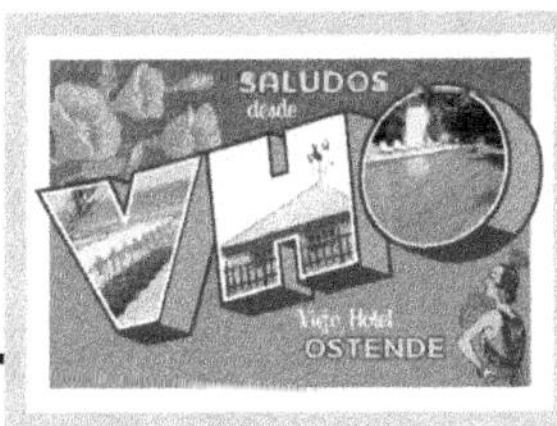

relacionadas con la costa como lugar de vacaciones tradicional y familiar. Para cada temporada se propone un nuevo eje conductor sin embargo la totalidad de las piezas gráficas desarrolladas permite inferir el concepto principal de historia y tradición familiar. Para ello, el Estudio ZkySky utiliza una gran variedad de recursos gráficos que permiten generar diversidad en la unidad, característica distintiva de los sistemas complejos de fundamentación conceptual.

Ocho

Más allá de los clásicos

Toda pieza gráfica puede ser definida a partir de dos dimensiones: su objetivo comunicacional y su tipología, por lo tanto todas las producciones del Diseño Gráfico pueden ser analizadas desde la perspectiva de cualquiera de estas dimensiones. Según cuál sea la dimensión considerada en el análisis, demandará la puesta en juego de distintas nociones y conceptos.

La dimensión comunicacional, tiene que ver con el objetivo que fundamenta el diseño de la pieza, con la problemática específica que ésta debería resolver. Su análisis demanda de la aplicación de conocimientos propios del campo de la Comunicación, la Sociología y la Estética.

La dimensión tipológica, por otra parte tiene que ver con lo objetual de las producciones de Diseño, con lo "cósico" de la obra, con su construcción y sus modos de uso.

El término tipología significa estudio de los tipos. Considera los objetos de una producción objetual, espacial o gráfica en sus aspectos formales, por una función común o una imitación recíproca. Vale también como principio de clasificación de los hechos artísticos según ciertas analogías. No se formula a priori, sino que se deduce de una serie de ejemplares (ejemplos, casos, etcétera). El nacimiento de un tipo se condiciona pues a la existencia de una serie de producciones con una evidente analogía funcional y formal.

La dimensión tipológica, entonces, tiene que ver con la morfología y la función de la pieza gráfica, puestos en relación con la dimensión comunicacional. El formato, la escala, los lenguajes o modos de representación de las imágenes utilizadas, la tipografía, el color y las texturas, son determinados por la forma de uso, en relación el discurso gráfico y el contexto de intervención.

Así, un afiche interior, tiene un tamaño tal que pueda ser exhibido en un espacio interior y leído a una distancia menor que uno de vía pública, el que además está condicionado por los soportes existentes en la ciudad y sus formatos. Un envase tiene el volumen necesario para contener el producto para el que ha sido diseñado y una forma que posibilite su transporte y guardado con la mayor eficacia.

Al diseñar sistemas se deben considerar estas especificidades como parte del problema a resolver. El considerar las diferentes tipologías que formarán parte del sistema es determinante en la elección de recursos gráficos adecuados a las demandas a las que será sometido el sistema al momento de diseñar la totalidad de las piezas gráficas involucradas.

Sistemas de identidad

Tradicionalmente, al hablar de sistemas, los de identidad son la primera tipología que suele surgir como ejemplo. La obvia relación entre identidad y sistema tiene sus orígenes, tal vez, en aquel primer proyecto, ya mencionado, realizado por Behrens para AEG. En él, el diseñador, resuelve por primera vez de modo sistemático, un conjunto de piezas gráficas que funcionan como un todo sin perder autonomía funcional.

Pero antes de analizar las particularidades del diseño de sistemas de identidad, vale la pena reconsiderar su nombre, también tradicional, y poner en crisis la idea de que es posible diseñar la identidad.

Desde los inicios del Diseño Gráfico como disciplina vinculada a la construcción de discursos visuales, las producciones propias del campo de la identidad han ocupado un espacio significativo y tenido a lo largo del tiempo diferentes denominaciones: Diseño de Identidad, Diseño de Imagen Corporativa, Sistemas de Identidad, Diseño de marca, han sido utilizadas indiscriminadamente para definir estas producciones gráficas. Esta multiplicidad de nombres da cuenta de la falta de rigurosidad en la utilización de conceptos extrapolados de otros campos disciplinares.

Para comenzar, entonces, es necesario definir los términos involucrados en estas denominaciones.

■ **IDENTIDAD:** La identidad, ya sea esta de una empresa, de una corporación, de una institución, de un evento, de un tema, etcétera, da cuenta de la serie de componentes propios de dicho organismo que lo constituyen como tal (objetivos, estrategias, modos de operar, infraestructura, etcétera). Para comprender mejor el alcance de este concepto sería posible proponer un paralelismo entre identidad y personalidad. Así como cada individuo tiene un modo de ser que lo diferencia de los demás, los organismos, instituciones, etcétera, también se diferencian, más aún en un contexto de tanta competencia y diversidad como lo es el actual. La identidad es una construcción compleja, no un a priori ya dado, y como tal pone en juego una diversidad de factores concomitantes que pueden, con el devenir del tiempo, cambiar produciendo transformaciones en la construcción original.

La identidad está constituida por dos tipos de rasgos específicos: los físicos (elementos icónico-visuales válidos para la identificación en el entorno) y los culturales, que tienen que ver con la concepción de la empresa, la entidad o el evento y que incluyen sus valores, modos de hacer y de comunicar su hacer. La identidad puede, entonces, ser analizada desde dos miradas diferentes, aunque convergentes: la mirada puesta en los signos gráficos (indicadores gráficos de identidad) que ponen en escena el discurso, y la identidad conceptual que tiene que ver con la serie de atributos propios que le van a permitir diferenciarse. Entre estos atributos aparecen los valores (éticos, conductuales, etcétera) que caracterizan el modo de hacer aquello que se hace, también involucran lo que se hace y lo que se dice sobre lo que se hace. Sería posible pensar que la identidad conceptual es la fundamentación necesaria para la construcción de los signos de identidad gráfica y que sin la primera los segundos responden a decisiones arbitrarias poco sostenibles en el tiempo y más aún en un contexto complejo. Los signos gráficos hacen visible la identidad conceptual pero no la diseñan, por eso parece más pertinente pensar en el Diseño de Indicadores Gráficos de Identidad más que en Diseño de Identidad, en tanto ésta, como ya se ha analizado, no es diseñada por el diseñador sino que es un atributo del organismo en cuestión.

■ **IMAGEN:** La imagen es una construcción que se produce por fuera de la institución, a partir de aquello que la empresa u organización muestra de sí misma, no sólo en términos de indicadores gráficos sino también a partir de lo que la empresa hace, cómo lo hace, lo que dice, cómo lo dice, etcétera. Todas las formas de interacción con una empresa u organismo aportan a la construcción de esta imagen. Los signos gráficos aportan cierto nivel de información, la calidad de productos o servicios otro, el modo de atención (en caso de incluir contacto con el público), servicios post-venta, etcétera. La percepción del usuario, en relación con cada uno de estos niveles de interacción, participa en la imagen que cada interlocutor construye, en tanto ésta es subjetiva.

Es impensable hacer depender ésta construcción del accionar del diseñador, ni siquiera del de la empresa u organismo. Sin embargo es posible, con un diseño integral de identidad conceptual, e indicadores gráficos de identidad apropiados, propiciar la construcción de una imagen más próxima a la identidad con la que la empresa u organización se define a sí misma.

■ INDICADORES GRÁFICOS DE IDENTIDAD: La identidad se expresa a través de indicadores gráficos. Estos incluyen una serie de elementos gráficos que son utilizados para la resolución de piezas gráficas de diferente grado de complejidad que actúan en aquellos escenarios en los que cada organización lleva adelante su actividad. Según su dimensión y características estos escenarios pueden implicar múltiples ámbitos y necesidades comunicacionales. No existe un a priori sobre las tipologías de piezas ni contextos de comunicación que deben desarrollarse, cada caso supone un análisis particular para determinar las necesidades específicas.

Entonces, diseñar un sistema de indicadores gráficos de identidad, supone resolver diferentes problemas funcionales y comunicacionales, con determinantes comunes y particulares, con el objetivo de posibilitar la construcción en el usuario de la imagen deseada.

El concepto de invariante morfológica surge aquí como relevante para comprender la construcción de esta unidad de diversidades. Una invariante es, en su definición original del campo de las matemáticas, una magnitud o expresión matemática que no cambia de valor al sufrir determinadas transformaciones; por ejemplo, la distancia entre dos puntos de un sólido que se mueve

Diseñar un sistema
de indicadores
gráficos de identidad
supone resolver
diferentes problemas
funcionales y
comunicacionales,
con el objetivo
de posibilitar
la construcción
en el usuario de
la imagen deseada.

pero no se deforma. Igualmente, el modo de representación de la imagen o la familia tipográfica, por mencionar sólo algunos de los elementos que constituyen un sistema, pueden no cambiar al ser utilizados para resolver un afiche, una tapa de libro, etcétera, en el marco del diseño de un sistema de identidad, en un permanente juego de constantes y variables que se despliega para lograr esta diversidad en la unidad.

Al referirse a los signos identitarios, Tapia los relaciona exclusivamente con el ámbito del consumo:

la identidad gráfica se refiere al empleo de imágenes relacionadas con el marcaje de entidades u objetos para la transacción comercial, o a la creación de sellos para distinguir a sus productores. Propiamente dicho, sería un dispositivo generado con el fin de favorecer el tránsito de mercancías y su identificación para el consumo... (2004: 144)

Sin embargo, el concepto de identidad, es aplicable a otras necesidades de comunicación. En realidad, siempre que surge la necesidad de generar un discurso gráfico que posibilite la identificación de un todo complejo como unidad articulada, es necesario apelar a los sistemas de indicadores gráficos de identidad y su posibilidad de articular la diversidad y la unidad.

Además del objetivo comunicacional, el contexto de intervención, los interlocutores y el tiempo de intervención, serán determinantes de las particularidades de cada sistema a diseñar.

El espacio urbano como escenario de intervención, demandará resoluciones graficas diferentes que el espacio interior. Los distintos contextos culturales, etarios, de género, etcétera, tendrán también un rol significativo en la toma de decisiones involucradas en los procesos proyectuales.

Todas estas decisiones suelen organizarse, para su comunicación, en piezas gráficas específicas en las que cada diseñador explicita las fundamentaciones conceptuales del sistema gráfico, presenta los recursos gráficos determinados y sus criterios de aplicación. Esta explicitación del proyecto y sus lógicas sistémicas hace posible a otros operar con él y, en cierta medida, visibiliza aquello que subyace.

A esta instancia de enunciación Carpintero, en su texto *Sistemas de Identidad. Sobre marcas y artificios*, la denomina Reglas de Juego y propone dos formas de presentarlas: el manual normativo y los vectores de acción (2007: 91). El manual normativo incluye normas de construcción y normas de aplicación. El correcto uso del manual debería permitir a la institución para la cual fue diseñado el sistema mantener una política de identidad coherente para lo cual, dicho manual debe revisarse y actualizarse al compás de los cambios en la construcción y aplicación del sistema. Los vectores de acción lejos de establecer un conjunto de normas, definen rumbos de propagación. «La circulación y no la determinación a priori de un valor a reflejar constituyen el principio de funcionamiento de una identidad visual construida a través de vectores» (2007: 97). Este modo de pensar las estrategias identitarias encuentra en los sistemas abiertos la dinámica y mutabilidad necesarias para potenciar sus argumentaciones.

Sistemas señaléticos

Desde que los seres humanos comenzaron a desplazarse por el territorio han tenido la necesidad de marcarlo para facilitar la circulación y ofrecer información. Los petroglifos del valle de Uadi Rum en Jordania, realizados por los beduinos, habitantes nómadas del desierto, para comunicar a otros viajeros la ubicación de fuentes de agua y alimento, son sólo uno de los múltiples ejemplos existentes sobre la voluntad de marcar el territorio y con ello apropiarse de él.

El desarrollo de las ciudades y los cambios en los medios de transporte, incrementaron la necesidad de alternar los flujos de peatones y vehículos con las consecuentes reorganizaciones de los recorridos urbanos e interurbanos. Todas estas situaciones suelen ser previstas y resueltas por la señalización. Localizar los puntos clave en el espacio real y situarlos sobre el plano o el mapa de la ciudad o de carreteras, y aplicar el elemento señalizador que les corresponde, de acuerdo a unas normas estrictas de implantación es su tarea. Estos elementos que constituyen un catálogo de objetos perfectamente definido están ya previamente construidos y disponibles para su instalación: son los semáforos, paneles, discos, entre otros. El sistema de señalización vial es un sistema cerrado, invariante, concluso prácticamente (salvo nuevas necesidades, que siempre serán variables del sistema existente) dispuesto para su uso. (COSTA, 1987: 102)

Por otra parte, la señalética definida por el mismo autor en su texto *Señalética, de la señalización al diseño de programas*, es la parte de la ciencia de la comunicación visual que estudia las relaciones funcionales entre los signos de orientación en el espacio y los comportamientos de los individuos. La señalética responde a la necesidad de información o de orientación que está provocada y multiplicada, al mismo tiempo, por el fenómeno contemporáneo de la movilidad social y la proliferación de servicios públicos y privados que ella genera tanto en el ámbito cívico y cultural como en el comercial: transportes, seguridad, sanidad, circulación, esparcimiento, ocio y otros tantos. (1987: 9)

Un sistema señalético, también según Costa, es un sistema optativo de acciones cuyas necesidades son las que lo determinan. Tiene por objetivo identificar, regular y facilitar el acceso a los servicios requeridos por los individuos en un espacio dado (interior y exterior) para el cual ha sido diseñado específicamente. Las señales e informaciones escritas surgen de problemas precisos y tienen un código de lectura parcialmente conocido. Sus señales deben ser normalizadas, homologadas por el diseñador del programa y producidas especialmente. Al insertarse en el contexto, ya sea éste artificial o natural, los objetos diseñados se supeditan a sus particularidades.

En la mayoría de los casos, los sistemas señaléticos forman parte sistemas de indicadores gráficos de identidad. En ese contexto, aportan factores de diferenciación y participan en la construcción de su imagen.

Según la complejidad del sistema a diseñar este puede incluir la definición de subsistemas específicos que se integraran al sistema mayor constituyendo así un sistema de sistemas. Un ejemplo de esta particularidad, es el diseño de sistemas de pictogramas específicos los cuales se resuelven con criterios morfológicamente coherentes con los otros elementos del sistema gráfico.

También el color suele tener un rol protagónico en estos sistemas ya que su utilización como código es de alta pregnancia, fácil comprensión y alta memorabilidad.

Resumiendo, los sistemas de indicadores gráficos de identidad y señaléticos, son los ejemplos más paradigmáticos de aquellos constituidos por conjuntos de piezas gráficas de diferentes tipologías, que se diseñan a partir de un mismo sistema gráfico articulando generalidad y especificidad.

Otras piezas gráficas, como ciertas publicaciones impresas y digitales, por la complejidad de su tipología, se diseñan con criterio sistémico y definen sus recursos gráficos condicionados por la necesidad de resolver dicha complejidad. Diarios, revistas y sitios web, son un ejemplo de estas piezas que, siendo una unidad, se diseñan como un sistema.

Sistemas editoriales

El campo del Diseño Editorial tiene una larga y prácticamente universal historia que comienza aún antes de que pudiera pensarse en la existencia de una disciplina que lo tuviera como objeto de conocimiento y práctica. Sus orígenes se remontan aún más allá de la Biblia de Gutenberg, sin embargo fue a partir de la socialización de la imprenta como tecnología de producción que su diseño comenzó a sistematizarse.

Entre los dispositivos organizadores del discurso como actividad social, en los que el grafismo ha ocupado un lugar central, está indudablemente la modulación de la lectura y de la organización de los textos. La forma visible del pensamiento razonado no ha sido en la historia un asunto secundario sino que en buena medida se refiere a la evolución de los formatos y de la forma de capturar gráficamente los juicios o las expresiones de donde se ha construido el universo de la educación y el aprendizaje. (TAPIA, 2004: 116)

■ **DIARIOS:** Son piezas editoriales de alta complejidad, determinada en primer lugar por la frecuencia de la publicación que demanda de una estructura de contenidos flexible y de rápida implementación, y luego por la diversidad de contenidos que incluye.

Los medios periodísticos son imprescindibles para que una sociedad pueda vivir en democracia, para controlar y difundir los actos de sus gobernantes, generar opinión pública sobre aspectos cotidianos que no deben pasar inadvertidos, y para explicar y ordenar la confusa realidad de nuestros tiempos. En suma, para contribuir activamente a la libertad de los pueblos, informándolos y proveyéndoles herramientas para poder tomar decisiones. Para que una sociedad pueda acceder inequívocamente al significado que encierran sus palabras, primero debe llegar a ellas naturalmente, con rapidez, minimizando costos temporales e intelectuales. Todo con suficiente atractivo visual como para interesar y llevar al lector a abrir el ejemplar. (Acosta García, 2008: 9)

Múltiples factores son los que se plantean al momento de diseñar un diario. La principal complejidad que debe considerarse está en relación con la envergadura de dicha publicación: cantidad de secciones, su diferenciación en pliegos específicos, el desarrollo de los múltiples temas, la inclusión de artículos de jerarquías diferenciadas, etcétera. Estos componentes, su existencia y diversidad están en relación con su línea editorial, el alcance de la publicación (nacionales, regionales, provinciales, citadinos, barriales y comunitarios) y su periodicidad (diaria, semanal, etcétera). En función de estas particularidades, el sistema editorial a desarrollar supondrá grados de complejidad mayores.

Las condiciones de lectura, las cuales pueden cambiar según la época, los públicos y sus hábitos de lectura característicos y nivel cultural (quién lee, dónde se lee, cuándo se lee, para qué se lee, etcétera), son la referencia necesaria para determinar formatos y los criterios de puesta en página.

Por último, la sustentabilidad a través de la inclusión de avisos publicitarios también condicionará muchas de las decisiones de diseño, ya que se deberán considerar los espacios a utilizar para ese fin y su convivencia con el contenido específico.

Cada uno de estos condicionantes, tiene su correlato en la selección de recursos gráficos que conformarán el sistema: formatos (campos), familias tipográficas, modo de representación de las imágenes[1] que acompañarán los diferentes artículos, el color[2] en sus diferentes roles posibles y los criterios de organización o, en este caso, puesta en página, definirán el carácter gráfico de la publicación. Otro tanto sucederá con la calidad de papel empleada y el sistema de impresión utilizado.

■ **REVISTAS:** Su consideración como piezas editoriales de media o alta complejidad depende de la temática, los públicos a los que se dirigen y la frecuencia con que se publican. La forma de comercialización (pública o privada), será determinante del diseño editorial en tanto las publicaciones de comercialización pública deben, de algún modo, convocar al lector y competir con otras de similar línea editorial, mientras que las de distribución privada ya han sido elegidas por el lector y tienen cierta garantía de su aceptación.

Cada número de la publicación es una unidad en sí misma. Como tal deberá conservar coherencia gráfica con otros números, coherencia que será determinada por las constantes definidas en el diseño del sistema gráfico, generando así unidad en las sucesivas publicaciones. Las variables, por su parte, deberán posibilitar la inclusión de contenidos de naturaleza muy diversa en interacción con la unidad.

---

[1] Es habitual en estas publicaciones la participación de uno o más ilustradores que, con su trabajo, acompañan las diferentes notas publicadas con el objetivo de dar coherencia. Generalmente, cada ilustrador se ocupa de una sección, llegando en algunos casos a tener un espacio propio.

[2] En esta tipología de pieza editorial, en la que pueden tener que diferenciarse secciones temáticas, el color suele utilizarse como código para hacerlo de un modo amigable para el lector.

Sistemas multimediales

Si bien, inicialmente, la tipología más desarrollada de estos sistemas fueron los sitios web, hoy tanto las aplicaciones para dispositivos móviles o *apps*, así como las interfaces gráficas —aunque no siempre involucran la utilización de múltiples medios— pueden ser considerados desde esta perspectiva en función de su potencialidad multimedial.

Su definición más elemental es, justamente, la que mejor pone en evidencia la necesidad de pensar su diseño de forma sistémica. Un sitio web o una *app* se conforma, básicamente, con un conjunto de pantallas relacionadas entre sí por un contenido general común y sus diversos niveles de desarrollo y ramificación. Es fácil pensar que una tipología de éstas propiedades puede ser proyectada utilizando al máximo las potencialidades de un sistema gráfico.

Una de las principales dificultades que debe resolverse al diseñar una *app* o un sitio web, es articular la diversidad, que da ritmo a la navegación y sostiene la atención de quien interactúa, con la —también necesaria— similitud que asegura al navegante el no haberse perdido en su recorrido. La multiplicidad de vínculos internos y externos pueden atentar contra este equilibro y es el ajustado uso de constantes y variables gráficas el recurso adecuado para evitarlo.

Desde los inicios de la utilización masiva de sitios web hasta las *apps* de hoy, los usuarios han ido incorporando códigos propios de esta tipología que adquieren peculiaridades propias en cada caso. La ubicación de las botoneras que permiten navegar y los íconos incluidos para posibilitar diferentes niveles de interacción, son algunos de los elementos que permanecen constantes dentro de cada sitio para aportar a la construcción de la unidad. El color como código y el lenguaje de las imágenes utilizadas aportan otros niveles de interrelación entre las diferentes páginas.

En cierta forma, los sitios web comparten con algunas tipologías propias del campo del diseño editorial, la alternancia de constantes y variables para sostener la atención del lector y mantener la unidad de la totalidad de la pieza. También comparten el valor determinante, para la toma de decisiones gráficas, del contenido temático desarrollado en cada página.

Las *apps*, por otra parte, replican algunas de estas lógicas gráficas a la vez que comienzan a producir sus propios códigos visuales, modos de poner en escena contenidos, posibilitar interacciones multimediales e intervenciones directas de los usuarios en los contenidos.

Al analizar diferentes sistemas, cualquiera sea su tipología, es posible detectar las decisiones subyacentes haciendo posible desandar el camino del proceso decisional que sustenta los elementos que lo constituyen y las decisiones de su implementación. Más allá de la posibilidad informativa implícita en el análisis de casos análogos a los que se deben resolver, la posibilidad de deconstruir un sistema preexistente, permite operar con él de ser necesario realizar nuevas intervenciones gráficas o alternativas de rediseño de proyectos ya desarrollados.

Tanto el grado de complejidad del sistema gráfico como sus alternativas de aplicación no implican un valor en sí mismo sino que deben estar en concordancia con las necesidades a las que se necesita dar respuesta.

Nueve

Un mar
de icebergs

En su página sobre los icebergs, la *Enciclo-pedia Británica* describe seis tipos diferentes: tubo, cuña, pináculo, cúpula, bloque y dique seco. Estas masas de hielo flotante, comparten la forma en la que se originan y comparten la misma materia, pero conforman grupos diferentes, que navegan a la deriva en un mar que los va consumiendo. Ya se ha mencionado que, las propiedades particulares de las aguas en las que flotan los icebergs, como la temperatura, las corrientes y niveles de salinidad, los afectan de manera diferente. Del mismo modo, los objetos de diseño toman formas diversas y su interacción con el contexto los va modelando de modo diferente.

Cualquier fenómeno puede ser analizado desde múltiples aspectos, del mismo modo, las producciones de Diseño Gráfico pueden serlo desde sus dimensiones comunicacionales y formales. En esta instancia interesa analizar las diferencias que son consecuencia de los escenarios de intervención.

Pero, ¿cuáles son estos escenarios para los objetos de diseño? El primero y evidente es el que integran los espacios concretos en los que las piezas de diseño operan, desplegando sus argumentaciones visuales, los que serán analizados posteriormente. Antes, se impone la consideración de otro escenario, más complejo de definir por su carácter intangible.

Más allá de los datos objetivos, hay características gráficas que permiten diferenciar un envase de pastillas de miel de otro de pastillas para la garganta o la marquesina de una pizzería, de la de un lavadero de ropa. Por otro lado, los múltiples envases de pastillas de miel así como los de pastillas para la garganta tienen similitudes que los ubican en un mismo escenario comunicacional.

Según el lingüista Mijaíl Bajtín,

Las diversas esferas de la actividad humana están todas relacionadas con el uso de la lengua. Por eso está claro que el carácter y las formas de su uso son tan multiformes como las esferas de la actividad humana... (1982: 248)

Algo similar puede decirse de los productos de Diseño Gráfico, ya que éstos se ven cada día más incorporados en múltiples esferas de la vida humana, tanto en lo público como en lo privado. Del mismo modo, así como "el uso de la lengua se lleva a cabo en forma de enunciados (orales y escritos) concretos y singulares que pertenecen a los participantes de una u otra esfera de la praxis humana" (ibidem). Cada pieza gráfica constituye una enunciación situada en una esfera específica.

Para Bajtín, estos enunciados reflejan las condiciones específicas y el objeto de cada una de dichas esferas, por su contenido temático, por su estilo verbal (recursos léxicos, fraseológicos y gramaticales de la lengua) y, sobre todo, por su composición o estructuración. Estas tres dimensiones de cada enunciado están vinculadas indisolublemente en la totalidad del enunciado y son determinadas por una esfera específica de comunicación, y si bien cada enunciado por separado es individual, cada esfera elabora sus tipos relativamente estables de enunciados, a los que denomina géneros discursivos (ibidem).

De igual modo, las particularidades de las diferentes esferas de acción, en las que los objetos de diseño operan y determinan de algún modo muchas de las decisiones formales y textuales con las que éstos se diseñan. Estas restricciones, lejos de coartar la originalidad, son un marco para ésta, en tanto las innovaciones las tienen como referencia. Al momento de proyectar, reconocer en qué género discursivo se está operando, es central para hacer posible la eficacia de las argumentaciones visuales y textuales. Esta necesidad pone en evidencia la complejidad implícita en el análisis de uno de los escenarios de intervención.

A este campo, definido por cada género discursivo, podría pensárselo como espacio de producción, el cual, siguiendo a Bourdieu, es muchas veces el principal determinante de las decisiones de los actores culturales que en él actúan. En contraposición a la hipótesis de que los productores culturales —entre los que es posible incluir a los diseñadores— basan su accionar en demandas supuestas, el autor propone la existencia de espacios de producción en los que los productores observan a sus competidores para definir sus acciones más que sus clientes o público-objetivo. Es decir que trabajan en un espacio de producción donde lo que producen depende estrechamente de su posición en dicho espacio. (Bourdieu, 2003: 166)

El otro escenario, es más tangible, pero también más susceptible de ser ignorado por el diseñador. Tanto los espacios físicos como los usuarios que participan de estos escenarios y sus particularidades son determinantes al momento de diseñar sistemas. Al analizar algunas tipologías se ha mencionado cuán determinantes son las particularidades del contexto de intervención en la determinación de los recursos gráficos a utilizar. A estas condicionantes se suman los códigos propios de cada

Cualquier
fenómeno puede
ser analizado
desde múltiples
aspectos,
del mismo modo,
las producciones
de Diseño Gráfico
pueden serlo
desde sus
dimensiones
comunicacionales
y formales.

sociedad, y que deben ser tenidos en cuenta, a los efectos de anclar las nuevas argumentaciones en dichos códigos compartidos y así, facilitar la comprensión por parte de los usuarios.

Las piezas gráficas, así como las obras de otras artes, constituyen el capital artístico de una sociedad y son construidas y leídas con sus particulares códigos. Esto no garantiza su inteligibilidad ya que según propone Bourdieu:

> La legibilidad de una obra de arte para un individuo particular es, pues, función de *la distancia entre el nivel de emisión*,[1] definido como el grado de complejidad intrínseco del código exigido por la obra, y *el nivel de recepción*, definido como el grado en el cual este individuo domina el código social, él mismo más o menos adecuado al código exigido por la obra. (2010: 76)

Al diseñar, es necesario reconocer y dimensionar con particular cuidado esta distancia, ya que la comunicación visual se sustenta en la legibilidad del discurso desplegado por las piezas gráficas más allá de que, al igual que en otras expresiones artísticas, puedan existir capas de significación diferenciada.

---

[1] Es evidente que el nivel de emisión no se puede definir de modo absoluto por el hecho de que la obra misma puede ofrecer significaciones de niveles diferentes según el modo de recepción del espectador, y puede, por ejemplo, satisfacer el interés por la anécdota y el contenido informativo (histórico, en particular) o atraer por sus propiedades formales. (BOURDIEU, 2010: 76)

Diez

Un iceberg diseñado
El límite de la metáfora

En su texto "La metáfora", Jorge Luis Borges cita:

En el libro tercero de la *Retórica*, Aristóteles observó que
toda metáfora surge de la intuición de una analogía entre
cosas disímiles; Middleton Murry exige que la analogía sea
real y que hasta entonces no haya sido notada (*Countries of
de Mind*, ɪɪ, 4). (1974, p. 382)

Por otra parte, y según anota Helena Beristáin, la metáfora ha sido considerada un instrumento cognoscitivo, de
naturaleza asociativa, nacido de la necesidad y la capacidad humana de raciocinio, el cual pareciera ser el modo
fundamental como correlacionamos nuestra experiencia y
nuestro saber. La metáfora, entonces, parecería estar en la
génesis misma del pensamiento, oponiéndose al pensamiento lógico y produciendo un cambio de sentido o un
sentido figurado opuesto al sentido literal. De este modo,
ofrece una connotación discursiva diferente de la denota-
ción de los términos implicados. (1985: 310)

Ambos remiten, en sus textos sobre la metáfora, a la
definición de Aristóteles, y siguen luego caminos diversos
en su análisis sobre este tropo o figura. Lejos de desme-
recer la riquísima y valiosa producción de Borges sobre el
tema, interesa en esta instancia retomar la propuesta
mencionada por Beristáin que pone en relación metáfora

La metáfora que
permite pensar a los
objetos de Diseño
como icebergs, ha
posibilitado visibilizar
y por lo tanto
conocer la densidad
de aquello
que fundamenta
una propuesta de
diseño y no puede
comprenderse a
simple vista.

y conocimiento, ya que ese fue el objetivo de la aquí planteada.

La metáfora que permite pensar a los objetos de Diseño como icebergs, ha posibilitado visibilizar y por lo tanto conocer la densidad de aquello que fundamenta una propuesta de diseño y no puede comprenderse a simple vista.

Como en toda metáfora, hay dimensiones de los dos fenómenos puestos en relación que éstos comparten y otras que los diferencian.

Un sistema gráfico no es un iceberg. Comparte con él la existencia de un fundamento que lo hace posible y se diferencia en que es producto de un hacer proyectual y situado. Tampoco navega a la deriva, sino que interviene en los contextos específicos para los que fue diseñado.

A diferencia de lo que sucede con un iceberg, lo visible en un sistema no es producto de la acción del contexto, muy por el contrario, su existencia en él lo modifica. Al igual que sucede con el sujeto, diseño y contexto se relacionan en procesos de estructuración mutua, son cada uno para el otro estructurante y estructurado.

El glaciar del cual se desprenden los bloques de hielo se nutre del agua, convertida en nieve, que se acumula año a año desde tiempos inmemoriales y que luego, por sus propiedades estructurales, se quiebra dando origen a los icebergs. Cada proyecto de Diseño es producto del saber y hacer del proyectista quien, en un acto *poiético*, trae a este mundo aquello que no existía previamente en él. El saber que posibilita este hacer del diseñador no depende únicamente de su formación, sino que es una construcción compleja que articula ésta con su capital cultural (BOURDIEU, 2010) y su *duración* en el sentido bergsoniano del término.

Cada sujeto al nacer es sujetado por el lenguaje, este ser sujetado lo constituye como sujeto y es, por el lenguaje que este adquiere, inicialmente de su seno familiar, su capital cultural constituido por las formas de conocimiento y habilidades que le permitirán incorporar los conocimientos propios de la sociedad de la que forma parte. Entre estos se encuentran los códigos que pondrá en juego al momento de diseñar. A este capital cultural inicial, irremplazable y determinante, se sumarán los saberes propios del campo disciplinar y todas aquellas experiencias, relacionadas o no, con la práctica proyectual que hacen único a cada diseñador y le permiten aportar al ciclo que nutre al glaciar que da origen a los múltiples icebergs que pueblan los mares del Diseño.

EPÍGRAFES

1. Alebrije. Jacobo y Mariángeles, artesanías Oaxaca, México. *Fusión n° 11 Los tres poderes*.
2. Théophile-Alexandre Steinlen, *La rue*, 1896.
3. Jean Béraud, *Paris kiosk*, 1880-84.
4. Peter Behrens, AEG. Signo marcario.
5. Peter Behrens, AEG. Material gráfico promocional.
6. Peter Behrens, AEG. Afiche.
7. William Morris, *Golden*.
8. Morris Fuller Benton, *Cloister Old Style*.
9. Frederic Goudy, *Goudy Old Style*.
10. Bruce Rogers, *Centaur*.
11. *Strassburger Relation*, 1791.
12. *The Times*, 1788.
13. Estudio ZkySky, periódico de la Embajada de Chile en Argentina.
14. Estudio ZkySky, rediseño logotipo IUNA, Instituto Nacional de las Artes.
15. Estudio ZkySky, sistema de monitoreo y evaluación de Programas Sociales.
16. Estudio ZkySky, balneario del Viejo Hotel. Parador del Viejo Hotel Ostende.
17. Estudio ZkySky, productora de televisión.
18. Estudio ZkySky, sello editorial independiente.
19, 20, 21. Lucas Puch, ilustraciones.
22. Laura Varsky, ilustración.
23. Colectivo Onaire, ilustración.
24. Cecilia Mazzeo, Antigua Guatemala. Fotografía.
25. Cecilia Mazzeo, Pagoda de la oca silvestre. Xi'an, China. Fotografía.
26. Shitao (1642-1707), ilustración.
27. Milagros Pacheco, diseño de superficie.
28. Estudio ZkySky, gráfica para CIPPEC Centro de Implementación de Políticas Públicas para la Equidad y el Crecimiento.
29. Estudio ZkySky, gráfica para CD *El desembarco*, de León Gieco.

30, 31, 32. Max Huber, afiches.

33, 34, 35. Josef Müller-Brockmann, afiches.

36. Estudio ZkySky, sistema gráfico para Aique Educación.

37. Estudio ZkySky, sistema gráfico para Aique Educación.

38. Estudio ZkySky, sistema gráfico para unipe: Universidad
Pedagógica de Buenos Aires.

39. Estudio ZkySky, sistema gráfico para Alto Andino.

40. Estudio ZkySky, sistema gráfico para Viejo Hotel Ostende.

BIBLIOGRAFÍA

ACOSTA GARCÍA, R., *Configuración gráfica editorial. Un proceso de diseño editorial para publicaciones periodísticas impresas.* 2008, Ediciones redargenta, Buenos Aires

BAJTÍN, M., (1982). *Estética de la creación verbal.* Buenos Aires: Siglo veintiuno editores.

BALZAC, H. de, (1832) *La obra de arte desconocida.*

BERISTÁIN, H. (1985). *Diccionario de Retórica y Poética.* México: Editorial Porrúa.

BERTALANFFY, L. V., (1992). *Teoría general de los sistemas.* Buenos Aires: Fondo de Cultura Económica.

BONTA, J. P., (1968). «Notas sobre temas discutidos en Portsmouth», en JONES, J. C., BROADBENT G., BONTA, J. P., *El Simposio de Portsmouth. Problemas de metodología del diseño arquitectónico.* Buenos Aires: Editorial Universitaria de Buenos Aires.

BORGES, J. L., (1974). *Obras completas.* Buenos Aires: Emecé editores.

BOURDIEU, P. (2003). *Cuestiones de sociología.* Madrid: Ediciones Istmo.

——— , (2010). *El sentido social del gusto.* Buenos Aires: Siglo Veintiuno editores.

CARPINTERO, C. (2007). *Sistemas de identidad. Sobre marcas y otros artificios.* Buenos Aires: Wolkowicz Editores.

——— , (2009). La dictadura del diseño. Notas para estudiantes molestos. Buenos Aires: Wolkowicz Editores.

CARVAJAL, G. (2005). *Diseño como poética. El pensamiento de César Jannello.* Buenos Aires: Academia Nacional de Bellas Artes.

CHENG, F. (2004). *Vacío y plenitud.* Madrid: Editorial Siruela.

COSTA J. (1987). *Señalética. De la señalización al diseño de programas.* Barcelona: Ediciones CEAC.

DIDI-HUBERMAN, G. (2013). "Cómo abrir los ojos", en FAROCKI, H., *Desconfiar de las imágenes.* Buenos Aires: Caja Negra.

FERRATER MORA, J. (1979). *Diccionario de filosofía* [sexta edición]. Madrid: Alianza Editorial.

FOUCAULT, M. (2007). *La arqueología del saber.* Buenos Aires: Siglo XXI editores.

GERSTNER, K. (1979). *Diseñar programas*. Barcelona: Gustavo Gili.

GÓMEZ-MARTÍNEZ, M. (2006). «Productor-consumidor: el advenimiento del .midor», *Tipográfica*, 72. Buenos Aires.

GROYS, BORIS (2014) *Introducción a la antifilosofía*. Buenos Aires: Eterna Cadencia.

HEIDEGGER, M. (1992). *Arte y poesía*. Buenos Aires: Fondo de Cultura Económica.

LEDESMA, M. (2003). *El Diseño Gráfico, una voz pública*. Buenos Aires: Argonauta.

MANZINI, E. (2015) *Design, when everybody designs: an introduction to design for social innovation*. Cambridge: The MIT Press.

MORIN, E., *Introducción al pensamiento complejo*. <http://www. pensamientocomplejo.com.ar/docs/files MorinEdgar_Introduccion-al-pensamiento-complejo_Parte1.pdf >. Recuperado el 02/02/16.

PAMUK, O. (2015). *Una sensación extraña*. Buenos Aires: Penguin Random House.

PASTOREAU, M.; SIMONNET, D. (2006) *Breve historia de los colores*. Barcelona: Paidós.

RIAÑO C., DE LA ROSA J.; BERMÚDEZ D. (2010). *Metodologías para el diseño de cartel social desde América latina*. Bogotá: Universidad Nacional de Colombia.

ROMERO, M., *Familia tipográfica*. <http://www.oert.org/familia-tipografica/>. Recuperado el 05/2/16.

SOULAGES, F. (2005). *Estética de la fotografía*. Buenos Aires: La Marca.

TAPIA, A. (2005). *El diseño gráfico en el espacio social*. Buenos Aires: Nobuko.

ZÁTONYI, M. (1993). *Diseño. Análisis y teoría*. Buenos Aires: Universidad de Palermo - Librería Técnica CP67.

——— , (2011). *Juglares y trovadores: derivas estéticas*. Buenos Aires: Capital Intelectual.

——— , (2010). "El latir de la palabra", *Iconofacto*, vol. 6, N° 7. Medellín, <https://revistas.upb.edu.co/index.php/iconofacto/article/view/1227>. Recuperado el 10/2/16.

<http://www.aeg.com.es>

<http://www.quadraquinta.org/documentos-teoricos/cuaderno-de-apuntes/brevehistoriaprensa.html>

<http://www.unostiposduros.com/estilos-graficos-del-siglo-xix-al-xx/>

<http://www.buendiario.com/una-guia-de-colores-271-anos-mas-antigua-que-pantone/>, recuperado el 06/02/16.

<http://www.facso.uchile.cl/publicaciones/moebio/03/frprinci.htm>

<http://www.britannica.com/science/iceberg>

SOBRE LAS IMÁGENES UTILIZADAS

COLECTIVO GRÁFICO ONAIRE

Onaire es un colectivo gráfico formado desde el 2007 por 5 diseñadores gráficos argentinos egresados de la Facultad de Arquitectura, Diseño y Urbanismo de la Universidad de Buenos Aires (FADU-UBA). Mariana Campo Lagorio, Gabriel M. Lopatín, Gabriel Mahia, Sebastián Puy y Natalia Volpe.

El grupo desarrolla un método de trabajo propio. Trabaja temas relacionados con la historia, con la realidad social y cultural. Elegido el tema tienen una primera etapa de expresión individual, donde cada uno vuelca su mirada, sus pensamientos y dibuja. Toman como materia prima los dibujos de cada integrante, los recortan y hacen un gran "guiso gráfico". Una pieza en común donde se unen las visiones de cada uno en una sola composición. Se rompe la expresión individual para lograr una expresión colectiva. Toman fotos de la composición final para digitalizar la imagen y así trabajarla gráficamente en la computadora. Editan la pieza artística para llegar a un afiche. Como paso final, Onaire realiza la producción de los afiches en serigrafía.

El grupo cree que el diseño y su capacidad de expresión pueden fomentar el conocimiento y hablar de la sociedad a través de un lenguaje que los representa, múltiple y heterogéneo.

ESTUDIO ZKYSKY

Valeria Dulitzky y Julieta Ulanovsky dirigen el estudio de diseño ZKYSKY. Ambas, diseñadoras gráficas egresadas de la Facultad de Arquitectura, Diseño y Urbanismo de la Universidad de Buenos Aires (FADU-UBA), crearon el estudio en 1989, uniendo en un proyecto común la última parte de sus apellidos. Desde entonces, diseñan trabajos en diversas áreas. Su especialidad es el diseño de identidad y el diseño editorial. Asesoran en diseño, comunicación y producción gráfica.

En marzo de 2005, se publicó su primer libro como autoras, *El libro de los colectivos*. En octubre de 2013, publicaron su segundo libro, *Divino Barolo*, un libro de diseño sobre el emblemático Palacio Barolo de la ciudad de Buenos Aires. En 2014 editaron el libro *Divino Salvo* sobre el edificio mellizo del Barolo en Montevideo, Uruguay.

Durante varios años han desempeñado la docencia en la carrera de Diseño Gráfico de la Facultad de Arquitectura y Urbanismo (FADU-UBA) como adjuntas en la Cátedra de Diseño Héctor Morón. Desde 2015 dictan clases en un curso de posgrado de actualización profesional en la Universidad Nacional de San Martín (UNSAM).
ZKYSKY ha realizado proyectos de diseño y consultoría para diversas instituciones, empresas, profesionales y artistas.
Para ver sus trabajos:
<www.behance.net/zkysky>.
<www.zkysky.com.ar>.
<www.facebook.com/estudiozkysky>.
<https://ar.linkedin.com/in/zkysky>.

PACHECO, MILAGROS

Diseñadora gráfica argentina. Desde el 2009 comenzó a desarrollar un fuerte interés por el diseño textil y de superficie, experimentando con diferentes formas, colores y lenguajes visuales.
Actualmente vive y trabaja en Brasil.
<www.milipacheco.com.ar>.

PUCH, LUCAS

Egresado de la carrera de Diseño Gráfico en la Universidad de Buenos Aires (UBA), ilustrador de toda la vida. En simultáneo con su carrera universitaria, ejerció el rol de docente en diferentes cursos de ilustración.
Es difícil distinguir un estilo propio en su trabajo, ya que intenta dominarlos todos. Cree que cada lenguaje gráfico tiene su propósito y su manera de transmitir. Esta versatilidad le permitió trabajar para diversos estudios y proyectos.
Su especialidad es el diseño de identidad y la ilustración.
Actualmente, se encuentra en el duro trabajo de trazar su propio camino independiente. Próximamente abrirá PUSH, su propio estudio gráfico.
<www.behance.net/lucaspuch>.

VARSKY, LAURA

Egresada de la Facultad de Arquitectura, Diseño y Urbanismo de la Universidad de Buenos Aires (FADU-UBA) como Diseñadora Gráfica, Laura Varsky se ha especializado en el diseño de discos y libros. En el año 2006 recibió el Premio Grammy Latino como Directora de Arte, galardón para el que también fue nominada en 2014 y 2015.

En paralelo, su interés por el desarrollo de distintos lenguajes gráficos y la búsqueda de uno propio la han acercado al mundo de la ilustración, terreno en el que ha alcanzado diversas distinciones como el prestigioso premio chileno Amster Coré y el 1er premio a la ilustración en la Bienal de Diseño FADU.

Laura es autora y co-autora desde su rol de diseñadora de varios libros ilustrados.

Su trabajo ha sido publicado por editoriales de diversos países y forma parte de la colección permanente de diseño del Museo de Arte Moderno de Buenos Aires.

Estuvo ligada a la docencia universitaria durante más de 10 años en la UBA. Actualmente, brinda conferencias y workshops en distintos países.

Ha participado del armado de las Jornadas Profesionales para Ilustradores de la Feria del Libro de Buenos Aires y ha organizado el Encuentro Internacional de Ilustración - MICA 2015.

<http://lauravarsky.com.ar>.

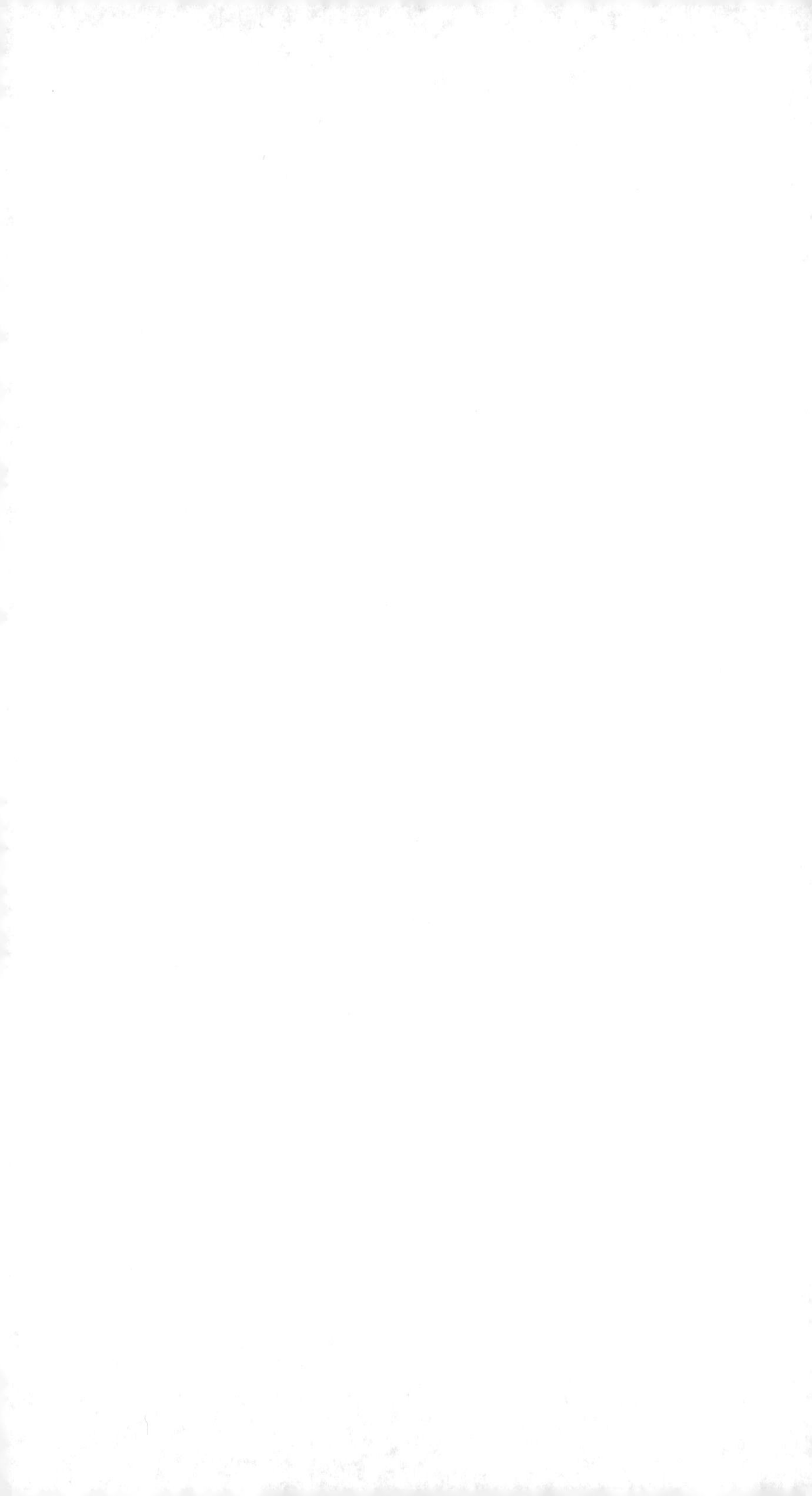

www.ingramcontent.com/pod-product-compliance
Lightning Source LLC
Chambersburg PA
CBHW072230150726
48002CB00005B/2021